Für Lotta Sidt

Geteilte Wege einen.
Dieses Meine sei für dich.
Das Deinige.
Bist in Gedanken.
Fahl und fern.
Ich mir das Abbild aufbewahr`.
Klar und hell.
In Demut.
Mit Sehnsucht.
In diesem und im nächsten.
Leben, das nahm mich dir.
Ich komme und bleibe, versprochen ...

mark sidt

„kopf hoch, muttersöhnchen!"

ANMERKUNGEN

Meine Mutter wurde am Nikolaustag 1939 geboren. Sie wuchs während der Wirren des Zweiten Weltkriegs zusammen mit ihrem leicht gehbehinderten älteren Bruder auf. Dessen Zwilling war kurz nach der Geburt an einer ungeklärten Ursache gestorben. Beide, meine Mutter und ihr Bruder, verloren ihre Mutter früh durch Krebs. Sie bemühten sich deshalb schon in jungen Jahren, ihren Vater mit aller Kraft zu unterstützen. Meine Mutter war wiederum doppelt belastet, denn ihr älterer Bruder bedurfte zusätzlicher Unterstützung, da ihn seine komplizierte Beinfehlstellung schon in frühen Kindertagen zu häufigen Spitalaufenthalten zwang. Der Vater meiner Mutter heiratete bald darauf eine junge, kinderlose Kriegswitwe aus dem Dorf. Damals war eine Zweckgemeinschaft unumgänglich, hatte man Kinder zu versorgen. Beide waren fast am gesellschaftlichen Rand angekommen und in einer extremen Situation. So fanden sich eine junge Witwe und ein Witwer mit doppeltem Anhang zusammen. Die wechselseitige Sympathie der beiden war ein zusätzlicher Vorteil für diesen Zweckbund. In die Familie wurden in den folgenden Jahren zwei Halbgeschwister geboren und meine Mutter wurde von einer liebevollen sowie fairen Stiefmutter versorgt. Christliche Werte prägten die Familie nachhaltig. Früh startete meine Mutter ins Erwerbsleben – ohne Berufsausbildung. Dafür war weder Zeit noch genügend Geld vorhanden. Arbeitskräfte wurden damals händeringend gesucht und bedarfsgerecht angelernt. In der ortsansässigen Leinenweberei fand sie mehr als genug Arbeit. Meine Mutter wollte und musste schnellstens eigenständig werden, um für ihre Familie einen unterstützenden Beitrag zu leisten, da sich ihr Bruder dazu entschlossen hatte, sich von der neuen Familienkonstellation abzuwenden, und einen eigenen Weg bevorzugte. Die Differenz an Lebensjahren zwischen ihm und seiner Stiefmutter war gering und dies trug zu einem ungleichen Rollenverhältnis bei, was ihn wiederum zu diesem Schritt veranlasste.

Vor dem Erreichen des Erwachsenenalters lernte meine Mutter meinen Vater kennen, der intensiv um ihre Gunst warb. Mit der Zeit schien sie von ihm beeindruckt und erwiderte sein Werben. Beide banden sich mit der Absicht, viele gemeinsame Jahre zu verbringen. Eine frühe Heirat, wie sie zu dieser Zeit üblich war, überführte sie wenig später in den ehelichen Hafen und ausserdem in ein Eigenheim, welches sie sich eisern erspart und zu grossen Teilen durch ihrer eigenen Hände Arbeit errichtet hatten. Darauf waren sie besonders stolz. Meine Mutter gebar mit Anfang zwanzig ihr erstes Kind, meinen

Bruder; im Abstand von sechs Jahren folgte meine Schwester und nach weiteren zwölf Jahren ein drittes Kind, ich. Das war in ihrem 41. Lebensjahr. Ich erlebte meine Mutter als 1,70 m grosse, oft schlanke bis leicht kräftige, offene, arbeitsame rothaarige Frau, die aktiv die Harmonie im Haus und in der gesamten Familie förderte. Ausserdem war sie gerecht, integer und sehr nahbar. Sie hielt die Familie zusammen und bildete durch ihre Eigenschaften grundlegende Werte für mich. Sie erhellte das Haus mit Herzlichkeit, sodass alle Familienangehörigen, selbst die entferntesten, uns gern besuchen kamen. Ob Staubsaugervertreter oder Zeuge Jehovas, allen hörte sie geduldig und interessiert zu. Sie kaufte Staubsaugerzubehör ein und liess sich den „Wachturm" schenken. Die Geschichten der missionierenden Jehova-Anhängerin, die regelmässig den Weg zu unserem Haus fand, waren meiner Mutter zu kreativ, als dass sie daran hätte glauben wollen, aber nie hätte sie ihr gegenüber die Tür verschlossen. Zu ausgeprägt waren ihre Freundlichkeit und ihr Interesse an einem anderen Blickwinkel auf die Dinge. Geduldig liess sie sich fremde Sichtweisen beschreiben und versuchte, diese ehrlich nachzuvollziehen. Sie verschaffte mir zusammen mit meinem Vater eine unbeschwerte und glückliche Kindheit. Mein Vater bot mir seinen verwurzelten Zugang zur Natur und meine Mutter unter anderem zu ausgezeichneter Hausmannskost. Meine Eltern zeigten mir, wie wertvoll selbst angebautes Obst und Gemüse waren sowie welcher körperliche Aufwand hinter einer erfolgreichen Ernte stand.

Meine Aufmerksamkeit galt jedoch selten der Obstwiese oder den Gemüsebeeten, ich nutzte die Idylle meistens, um Unfug auszuhecken und Schabernack zu treiben. Für eine befristete Zeit bekam ich dagegen kleine lilafarbene Dragées, welche einen Brechreiz auslösen konnten, hatte man die Zuckerschicht zu weit abgelutscht.

Regelmässig stellte meine Mutter ihre eigenen Bedürfnisse hinter die familiären. Selbst ihre eigenen gesundheitlichen Bedürfnisse nahm sie (zu) spät wahr.

Als ich ungefähr zehn Jahre alt war, hätte sie sich an der Galle operieren lassen müssen. Gallensteine waren der Grund hierfür und regelmässige Koliken die Folge. Damals machte ich mein Unbehagen über ihr anstehendes Fernbleiben unmissverständlich klar. Ich protestierte regelrecht. Auffällig, ausfällig und weinend weigerte ich mich, das Fehlen meiner Mutter für zwölf Tage zu akzeptieren. Ohne sie wollte ich nicht sein, allein auf meinen Vater angewiesen, das hätte ich mir nicht vorstellen können. Zu unbeständig gestaltete sich unser Verhältnis seit einigen Jahren und mir fehlte das Vertrauen zu ihm. Das machte mich unsicher, das machte mir Angst. Meine Mutter bemerkte mein geringes Talent zur Selbstständigkeit und mein Misstrauen meinem Vater gegenüber. Sie hielt ihre krankheitsbedingten Schmerzen aus, biss sich durch und liess sich erst geraume Zeit später operieren. War das ein Fehler?

Nach ihrer leiblichen Mutter fragte ich sie oft. Ich wollte mehr über meine „richtige" Oma erfahren und vor allem, warum sie gestorben war. Darauf angesprochen machte meine Mutter stets ein trauriges Gesicht, wurde ernst und sagte mit weicher Stimme, dass ich dafür grösser und reifer werden müsse. Sie wollte mir irgendwann, zu einem späteren Zeitpunkt, die Geschichte vom Verlust ihrer Mutter erzählen und versprach mir ausdrücklich, dass wir es besprechen würden, unter welchen widrigen Umständen sie damals ihre Mutter verloren hatte. Dadurch und durch andere Zuvorkommenheiten erlebte ich eine unbeschwerte Kindheit und verinnerlichte auch bald das Lebensmotto meiner Mutter: „Kopf hoch!" Lange war mir der genauere Sinn dieser Aussage nicht verständlich und die aneinandergereihten Worte waren für mich bedeutungslos. Bis ich irgendwann in meiner Jugend bemerkte, dass meine zunehmend schwereren Gedanken meinen Kopf hängen liessen...

VORWORT

Seit meinem 21. Lebensjahr bemühte ich mich intensiv darum, die guten Seiten des Lebens als gute Zeiten im Leben zu vermehren. Diese waren mir seit meinem 13. Lebensjahr zunehmend durch immer turbulentere Familienereignisse abhandengekommen. Meine gesammelten Thesen über mich und mein Umfeld scheinen indes mehrheitlich durch Beobachtungen belegt. Die fehlende Annahme dieser Feststellungen brachte einen Kreislauf aus Ohnmacht, Resignation und Kapitulation in Gang, dem ich erst in meinen frühen Zwanzigern entflohen war (Die Ursachen hierfür reichen eventuell bis in meine späte Kindheit zurück, aber auch das ist nur eine weitere Theorie).

Nach dem frühen Tod meiner Mutter 1994 fand ich nur schwer eine verlässliche Basis, an der ich mich orientieren konnte. Ein instabiles Grundgefühl begleitete mich fortan, denn das schlechte Verhältnis zu meinem Vater verstärkte sich durch den vorzeitigen Verlust meiner Mutter ungemein. Wir teilten uns zu zweit widerwillig ein grosses Haus, aus dem sich meine beiden älteren Geschwister jeweils zu ihrem 18. Lebensjahr verabschiedeten. Der Kontakt zu meinen zwölf und 18 Jahre älteren Geschwistern war meinerseits von Unwohlsein und

Misstrauen geprägt. Die grösste Unsicherheit besass ich aber der Frau meines Bruders gegenüber. Zu ein- und übergreifend war sie, erteilte meinen Eltern Erziehungstipps und bot mir die unbequeme Stirn. Ihre Ansichten waren mir schon damals zu konservativ, fast bieder erscheinend und nur bedingt logisch. Immer wieder versuchte ich, die sich bildenden Sympathien für sie zuzulassen, und startete ihr gegenüber einen inneren Neuanfang. Eine unmittelbare Verletzung folgte jedoch sehr oft und ich kam mir durch ihre Aussagen immer nur geduldet, aber nie akzeptiert oder vollständig respektiert vor. Dieses ausliefernde Gefühl überraschte mich nicht, denn ich kam mir seit jeher oft als Spielball meiner Familie vor. Meine beiden Geschwister mochten sich nicht und sprachen, schon seit ich denken kann, kein Wort mehr miteinander. Ich hatte bei ihnen eher das Gefühl von Onkel und Tante, als Bruder und Schwester zu haben, und musste mich immer wieder daran erinnern, dass sie meine Geschwister waren. Seit ich mich zurückerinnern kann, wurde ich von ihnen als Übermittler diverser negativer Botschaften benutzt und war somit Zeuge ihres unverhältnismässig grossen Hasses aufeinander. Erste Gedanken, dass sich weder mein Bruder noch meine Schwester ehrlich für mein Wohlergehen interessieren könnten, kamen mir vor meinem zehnten

Geburtstag. Sie wurden dadurch zu meinen Anti-Vorbildern; an ihrem Beispiel konnte ich schon früh erkennen, wie ich einmal nicht werden wollte.

Einige Male frage ich meine Mutter, ob ich adoptiert sei. Es fiel mir schwer, zu glauben, dass mein Vater der leibliche war und meine Geschwister und ich die gleichen Eltern hatten. Zu anders fühlte ich mich meinen Geschwistern gegenüber. Anfangs belächelte meine Mutter diese Art von Frage. In regelmässigen Abständen wiederholte ich diese jedoch, stets mit der Hoffnung, dass sie eine andere Antwort parat haben könnte. Die Ernsthaftigkeit, die in meinem kontinuierlichen Fragen lag, erschien meiner Mutter zunehmend unangenehmer und sie antwortete mit der Zeit nur noch widerwillig. Eines Abends beim Zubettgehen, als ich die Adoptionsfrage erneut stellte, schrie mich meine Mutter an: „Wir sind eine richtige Familie und ich will diese Frage nicht mehr hören!" Ich erschrak, war irritiert und gleichzeitig sicher, dass es keine andere Antwort zu finden gab. Dadurch fasste ich den Entschluss, gegenüber meinem Vater und meinen Geschwistern nur die allernötigste Emotionalität zuzulassen, um im späteren Erwachsenenalter leichter Distanz wahren zu können. Unzählige Male blieb ich somit danach vor Enttäuschungen bewahrt und meine Erwartungshaltung gegenüber meiner Familie, meine

Mutter ausgenommen, tendierte mit den Jahren fast gegen null. Um aus diesem Familienkonstrukt logische Zusammenhänge zu knüpfen und daraus zu lernen, bedurfte es aber eines reifen Geists.

Urteilsfähiger und älter, so wie heute. Ich bewahre mich davor, mich nach dem Erwachsenenstrafrecht für vergangenes Fehlverhalten, was in Kindertagen stattfand, anzuklagen oder zu verurteilen, wie es mir mein Vater, Geschwister und ein Teil meiner Verwandten vorgemacht haben. Mit meinem gesammelten Erfahrungsschatz steigt wiederum die Verantwortung für kommendes Handeln. Auch wenn ich, seit ich circa 25 Jahre alt bin, mehrheitlich gute Zeiten im Leben habe, ist die Angst, diese zu verlieren, nach wie vor begleitend.

Schon einmal lebte ich eine harmonische Selbstverständlichkeit, die mir ein trügerisches Sicherheitsgefühl vermittelte, und dann, mit circa 13 Jahren, begann ich damit, Notizen über markerschütternde Ereignisse zu sammeln, die mir unbedingt in Erinnerung bleiben sollten. Als Mahnmal sollten sie mir zukünftig dienlich sein und im besten Fall irgendwann den Weg weisen können. Ein Erfahrungsreichtum, dessen gesamte Wertigkeit erst in der Retrospektive zutage trat. Das wurde mir in meiner Jugend klar. Mittlerweile bin ich über 34 Jahre alt. In wenigen Wochen steht der 20-jährige Todestag meiner Mutter an. Ein jährlich wiederkehrendes Ereignis, dessen Auswirkungen auf mich nicht abschätzbar sind. Es könnte zu einer Leistungsbilanz für mein bisheriges Tun und Lassen kommen. Nicht von irgendeinem Familienmitglied oder einem Vorgesetzten. Nein. Tief in mir, an einem abgeschiedenen Ort, sitzt ein Persönlichkeitsteilchen, das ein scharfes Urteil über mich fällen könnte. Ein Urteil, das leistungsbezogen und ergebnisorientiert ausfallen könnte. So befürchte ich.

Schnell habe ich meine fast 20 Jahre alten gesammelten Notizen zu einer Erzählung umgeschrieben. Damit möchte ich zeigen, dass ich seit 1994 nicht nur untätig in meinem Sessel gesessen habe. Zu funktionieren und Leistung zu erbringen, ist tief in mir verwurzelt. Ist es eventuell auch die Wurzel allen Übels?

Unsicherheit, Angst und Selbstzweifel begleiten mich seit der Krebsdiagnose meiner Mutter. Das Verlangen, ihr nah zu sein, bleibt unverändert bestehen und mir selbst zu genügen, wird mit zunehmendem Alter nicht einfacher. Das alles stösst momentan gegen ein stabiles Fundament. Erdbebensicher in den letzten zwei Dekaden aufgebaut. Ausgestattet mit einem funktionierenden Seismographen. Wie würden kommende Ausschläge verlaufen? Schwächer oder stärker? Wäre meine Lage wieder so aussichtslos wie zu Teenagerzeiten, wären die Umstände gegen mich oder ich selbst? Abschliessend können diese Fragen erst am Lebensende geklärt werden. Bis dahin versuche ich, derjenige zu werden, der ich früher noch nicht war: ein unterstützender und vorausschauender Berater. Jetzt sogar mit vorhandener und selbst geschriebener Gebrauchsanleitung. Ein Manual für mich selbst. Auf den wiederkehrenden Gedankengang „Geht es jetzt wieder los?" antworte ich mit: „Ja, jetzt geht es los!"

KOPF HOCH, MUTTERSÖHNCHEN!

Frühling 1993: In einem schülerlosen Klassenzimmer sass ich 13-jährig am Lehrerpult vor einem weissen Blatt Papier und versuchte, die leere Fläche damit zu füllen, was andere, das heisst Lehrer, meine Eltern und alle Übrigen ausser mir, unbedingt lesen wollten. Dazu gezwungen, einen Aufsatz darüber zu schreiben, was mich belastete, starrte ich aus dem Fenster in den grün bewachsenen Schulgarten. Widerwillig begann ich, mein Inneres zu erforschen, auf der Suche nach gut versteckten wunden Punkten, die an einer entfernten Stelle verborgen lagen. Orte, die ich vor Jahren selbst ausgesucht und gewählt hatte, nun aber nicht mehr fand. Am dunkelsten Ort einer 13-jährigen Seele. Die Geheimniskrämerei musste enden. Alle, ausser mir selbst, wollten eine logische Erklärung für mein unangemessenes Verhalten in der Schule und die fehlenden Leistungen im Jahr zuvor haben. Die hohe Erwartungshaltung meiner Familie an meine tadellose Leistungserbringung in der Schule hatte ich lange zuvor bemerkt. Ich ignorierte sie, denn mein Kopf war seit geraumer Zeit mit Wichtigerem belegt: Gedanken an meine zunehmend krankere Mutter. Der einzige Rückzugsort für diese Gedanken lag in meiner Gedankenwelt, der ich regelmässig und mit offenen Augen verfiel. Seltsam abwesend wirkte ich dadurch, so tuschelte mein Umfeld. Der Würgegriff meiner Fürsorgebeauftragten und beauftragten Fürsorger schnürte mir die Luft ab und machte mein Leben starr, steif, bitter. Schliesslich brachte ich im Klassenraum genau diesen Eindruck zu Papier. Ich schilderte meine erdrückende Situation und hielt dies nicht länger zurück. Ich benannte Belastendes. Ja, das, was mich fast ohnmächtig machte. Nach und nach stiess ich an eine innere Mauer. Einfallen wollte mir nichts mehr. Die richtigen Worte zu den vorhandenen Gefühlen kamen mir nicht in den Sinn. Ich spürte nur noch diese anfallende Übelkeit. Mein Kopf blieb weiterhin leer. Gedankenzerstreut blickte ich aus dem Fenster in den sommerhellen Tag. Dann betrat ein Lehrer das Klassenzimmer, schaute sich das Niedergeschriebene an und kommentierte dies wie folgt: „Es geht nicht nur um dich, sondern um deine kranke Mutter, du hast nur eine!" Er verliess den Raum. Wütend und zitternd verharrte ich gedanklich über seiner Aussage. Dieser Satz löste einen Erdrutsch in mir aus. Er verunsicherte mich bis ins Knochenmark. Plötzlich quollen unkontrolliert Gedanken aus mir, die mich maximal anspannten. Ich versuchte, sie ungefiltert aufzuschreiben. Es quoll das an die Oberfläche, was ich sonst so aufwändig verpackte und versteckt hielt. Die Unsicherheit meiner Zukunft. Massgeblich vom Gesundheitszustand meiner Mutter abhängig. Meine Angst vor ihrer körperlichen Versehrtheit. Angst vor ihrer fehlenden Zuneigung und, vor allem, Gedanken an ihr mögliches Ableben. Was würde dann aus mir werden? Gedanklich war ich nicht mehr steuerbar, das Herz schlug mir bis zum Hals und füllte den gesamten Raum mit seiner Lautstärke aus. Ich hing in einem Tagtraum voll Umgebungsunsicherheit, Zukunftsangst und emotionaler Morbidität fest. Nach einer vermeintlich langen Zeit beruhigte ich mich wieder, weil ich kurz davor war, mich zu übergeben. Das wäre mir so unbeschreiblich peinlich gewesen, dass es mir leichter fiel, meinen Kopf zu kontrollieren, als mich für meinen Mageninhalt im Klassenzimmer zu verantworten. Viele meiner Gedanken verflogen, waren nicht zu fassen. Ich war mit dieser Situation überfordert. Ob in der Schule, zuhause oder mit mir selbst. Ich brach den Aufsatz ab und verliess eigenverantwortlich das Schulzimmer. Mein niedergeschriebenes Gefühlschaos reichte zum Glück aus, um bei allen beteiligten Lehrern ein wohlwollendes Kopfnicken zu erzeugen. Sie schienen damit zufrieden zu sein, was ihnen vorlag. Anerkennend wurde ich von diesen aus dem Schultrakt begleitet und war froh, dass ich endlich einmal allen Ansprüchen genügte. »

Unter Familienmitgliedern galt ich als weinerlicher Junge, wenig belastbar und gedanklich zerstreut. Mein Vater und auch mein Bruder hatten oft das Gefühl, mich ermahnen zu müssen, mich erwachsener und überlegter zu verhalten. Ihren Anforderungen sollte ich genügen und nicht als Enttäuschung dienen. Dringend sollte ich mir das Weinen abgewöhnen. Das sagten sie mir nicht direkt, aber sie nahmen meine Sensibilität mit immer grösserem Befremden wahr. Selbst vor einem Verbot schreckten sie irgendwann nicht mehr zurück und ich suchte mir daraufhin einen anderen Mitteilungsweg als zu weinen – ich schwieg.

Die städtische Einrichtung für Erziehungsfragen besuchte meine Mutter mit mir, um mein Schweigen zu brechen und mit mir indirekt über ihren bevorstehenden Tod zu sprechen. Die wöchentlichen familienpsychologischen Beratungsgespräche konnten mir den Ernst der Lage nicht verdeutlichen. Ich wollte es mit meinen 13 Jahren nicht verstehen, hörte stattdessen etwas ganz anderes, wie mir die Psychologin vermittelte. Auf altersgemässe Weise und mit viel Engagement versuchte sie, eine Verbindung aufzubauen. Mein Kopfkino war jedoch stärker und sprang schützend zwischen mich und die Beraterin. Ich war es gewohnt, dass meine Familie oder Lehrer auf mich einredeten und etwas Bestimmtes von mir hören wollten. Sie waren erst dann zufrieden, wenn ich in einer gewissen Reihenfolge bestimmte Dinge sagte oder durch Kopfnicken zustimmte, bis es für diese Personen einen Sinn ergab. Das schaffte ich auch – früher oder später. Ich redete und bekopfnickte alles so lange, bis sämtliche Wahrscheinlichkeitstheorien erfüllt wurden und ich diesen Schraubzwingensituationen entkam. Darin hatte ich Übung, darin war ich gut. Dadurch verzerrte sich jedoch meine subjektive Wahrnehmung: Ich glaubte eisern an die bevorstehende Genesung meiner Mutter. Mit starrem, unabdingbarem Willen glaubte ich an eine schnelle Besserung und klammerte mich an hoffnungsvolle Aussagen, unter anderem von meinem Bruder und seiner Frau wie folgende: „Keiner weiss, ob unsere Mutter krank bleibt oder wieder gesund wird. Alles ist möglich." Somit war ich für alles empfänglich, was mit ihrem Gesundwerden zu tun hatte. Nicht aber für das gegenteilige Szenario. »

Dass es meiner Mutter zunehmend schwerer fiel, unsere tägliche Routine zu sichern, nahm ich nicht wahr oder übersah es mit offenen Augen. Das sorglose Familienleben zu dritt, das heißt Vater,

Mutter und ich, wie ich es bis zum zwölften Lebensjahr kannte, geriet mächtig ins Wanken. An einem Nachmittag kam sie viel früher als erwartet von ihrem Besorgungsgang zurück. Begleitet von meiner Tante stützte ich sie gemeinsam ab der Haustür bis ins elterliche Schlafzimmer. Sie legte sich sofort hin. Im Supermarkt hatte unerwartet ihr Kreislauf versagt und sie war in sich zusammengesunken. Hilflos am Boden liegend war meine Mutter von dieser Tante entdeckt worden, die auch dort eingekauft und sie schnellstmöglich mit dem Auto nachhause gebracht hatte. Dieses Ereignis verunsicherte meine Mutter nachhaltig. Die Ursache waren die nicht vorhersehbaren Nebenwirkungen ihrer starken Krebsmedikamente. Davon verunsichert nahmen ihre Ausflüge ins fussläufig zu erreichende Dorfzentrum rapide ab. Sie verliess das Haus fortan nur noch selten und entsagte allen sozialen Kontakten ausserhalb. »

Während der häufigen Kuraufenthalte meiner Mutter im Schwarzwald war ich es gewohnt, zuhause auf sie verzichten zu müssen. Oft kam mir ein elternfreier Nachmittag sehr recht, dann, wenn mein Vater jeden Sonntag meine Mutter besuchen fuhr und ich im grossen Haus allein mit meinen Gedanken sein konnte. Jeden zweiten Sonntag fuhr ich mit zu ihr. Herzlich waren unsere Wiedersehen jedes Mal. Sie bedankte sich dann innig für die Abschiedsbriefe, die ich heimlich in ihr Gepäck legte und die sie erst beim Ausräumen fand. Mit dem Gedanken „Kopf hoch!" beendete sie oft ihre Antwortbriefe an mich. Die Kuraufenthalte dauerten jeweils sechs bis acht Wochen, selten länger. Während dieser Zeit blühte meine Mutter regelrecht auf und beschäftigte sich eingehend mit sich selbst, obwohl ihr die Chemotherapien während dieser Aufenthalte immer schlechter bekamen. Dennoch selbstlos und ganz mütterlich hielt sie alle Probleme vor mir fern. Sie konzentrierte sich nur noch auf mein Wohlergehen und meine Zukunft. Zunehmend gelber färbte sich ihre Haut, vor allem im Gesicht. Ihre aus- und damit auffallenden Haare wurden von mir nicht angesprochen, auch die von ihr getragene Perücke ignorierte ich ihr zuliebe. Mein Vater bat mich eindringlich um Rücksichtnahme darauf und um Selbstkontrolle meiner offenen, naiven Natur.

Im Alltag zuhause fand ich zu dieser Zeit Zuflucht an monatlich wechselnden Mittagstischen innerhalb der weitläufigen Familie. Alle mit Kindern versehen und mit mindestens einer für mich eingeplanten Mahlzeit. Von diesen selbstlosen Angeboten durfte ich auch dann noch Gebrauch machen, als meine Mutter von ihrer letzten Kur nachhause kam und sich nicht mehr von der Chemotherapie zu erholen schien. Sie war viel zu schwach, um irgendwelchen familiären Aufgaben nachzukommen. Zu dieser Zeit hätte sie gern viel mehr möglich gemacht, wäre ansatzweise die dafür erforderliche Kraft vorhanden gewesen. Nun war es aber so, dass ich ständig bei Verwandten zu Mittag aß, mein Vater sich selbst um seine Kalorienzufuhr sorgte und meine Grossmutter meine Mutter bekochte. Täglich, über lange Monate hinweg, bereitete meine Stiefoma ihrer Stieftochter nach strengen Diätplänen die Mahlzeiten zu. Sie versorgte meine Mutter aufopferungsvoll und mit ausgesprochener Hingabe. Sie bekochte, fütterte und versorgte sie pausenlos so, wie es im Allgemeinen nur eine leibliche Mutter tat. Das Thema Halbverwandtschaft war in unserer Familie eine Marginalie und mit Egalität gesegnet. Mein Vater stellte seine Bedürfnisse ebenfalls bis weit hinter jegliches eigennützige Handeln zurück. Er sorgte fast für den kompletten Haushalt. Er wusch meine Mutter täglich und wechselte ihr die Windeln. Ja, sie war mittlerweile bewegungsunfähig und inkontinent an ihr Bett gefesselt. Dieses unbeschreibliche Siechtum ertrug sie heroisch. Ein immerwährendes „Kopf hoch!" war ihre optimistische Devise. Daneben versorgte mein Vater den Garten, die Obstwiesen und das Gemüsefeld. Natürlich diente er zusätzlich noch seinem langjährigen Arbeitgeber und beklagte sich äusserst zurückhaltend. Dafür erntete er aufrichtige Anerkennung in der ganzen Familie und bis weit darüber hinaus.

An ein geordnetes Familienleben war allerdings im Ansatz nicht mehr zu denken. Alle fühlten sich dazu unfähig, mussten andere Schwerpunkte setzen. Aus meinem behüteten Zuhause von einst wurde ein angespannter Ort. Ein nach Desinfektionsmitteln, Seifen, Salben und gebrauchten Windeln riechendes Lazarett, in dem sich alles und jeder der Krebserkrankung und deren Anforderungen unterordneten. Meine Mutter war mittlerweile stark abgemagert. Mit schmerzerfülltem Gesicht lag sie im Elternbett. Dünn und zerbrechlich schrie sie bei jeder Berührung laut auf. Kraftlos blies sie in eine Pfeife, um Hilfe anzufordern, wenn niemand bei ihr im Schlafzimmer war. Zum Rufen reichte ihr Atem nicht mehr aus. Der Umgang mit ihr wurde schwieriger, was an ihren starken Medikamenten wie Morphium lag, erklärte uns der behandelnde Arzt. (Aus heutiger Sicht ist es für mich nicht mehr nachvollziehbar, wie ich zu jenem Zeitpunkt noch immer an eine Besserung glauben konnte.) Ich ertrug den Anblick der knochigen Frau nur noch schwer. Ich mied ab und an sogar die allabendliche Verabschiedung von ihr am Krankenbett, um mit leichteren Gedanken einschlafen zu können. Das Angebot von Onkel und Tante, mit ihnen und ihren Kindern nach Italien zu fahren, kam wie gerufen. Der schweren Stimmung zuhause konnte ich so entfliehen und atmete wieder frische Luft. »

Italien war beeindruckend leicht. Italienisch zu lernen, war neu und faszinierend. Viele Eindrücke und zwei unbeschwerte Wochen, an die ich mich gern erinnern werde. Nur die Rückfahrt mit dem Auto und dem angehängten Wohnwagen zog sich endlos lang hin. Als wir zuhause ankamen, lief ich in der Dämmerung schnell durch den heimischen Garten, hinunter zum Haus meiner Eltern. Aufgeregt, sie wiederzusehen, klingelte ich erwartungsvoll an der Tür. Endlich öffnete mein Vater. Gehemmt und unsicher, aber froh, mich zu sehen, verweigerte er mir jedoch den Eintritt ins Haus. Irritiert stiess ich mir den Weg frei, ungeachtet des Protests meines Vaters, bis ins augustwarme Elternschlafzimmer zu meiner Mutter. Ein nach Desinfektionsmitteln riechender, vom Ventilator gepeitschter Windstoss wehte mir ins Gesicht. Die hohe Infusionsstange am

Bettrand fiel mir sofort auf. Dann fand ich meine Mutter gelb angelaufen, ausgezehrt und im Sterben liegend vor. Eingesunken in die dünne Sommerbettwäsche hätte ich sie beinahe nicht mehr wiedererkannt. Mein Mund sprang auf. Fassungslos starrte ich sie an. „Mama!", quälte sich aus meinem staubtrockenen Mund. Ich versuchte, meine Fassungslosigkeit zu verbergen. „Italien war toll. Ich kann etwas Italienisch sprechen und …" – „Geh in dein Zimmer, ich kann nicht mehr", entgegnete sie mit fragiler Stimme. So schwach, dass es kaum zu verstehen war. „Nicht jetzt", entwich ihr, weil ich nicht einsehen wollte, dass sie mich abweisen musste. Ihre körperlichen Schmerzen standen im Vordergrund. Sie war am Ende ihrer Kraft angelangt. Stärkste Schmerzmittel betäubten zusätzlich ihre Aufnahmefähigkeit. Schockiert von ihrem Anblick und ihrer Zurückweisung blieb ich wie angewurzelt stehen und starrte sie an. Sekunden dehnten sich minutenlang. Dann, ruckartig, lief ich panisch eine Etage nach oben, ins Badezimmer und schloss mich ein. Als ich die Tür hinter mir verschloss und wie paralysiert zum Dachfenster auf der Gegenseite hinausschaute, setzte ein beherrschendes Schwindelgefühl ein. Mein Herzschlag hatte sich blitzartig verdreifacht. Meine Gedanken rasten hin und her, konglomerierten zu einem einzigen Gedankenkarussell:

„Jetzt geht es los, jetzt geht es los, jetzt geht es los! ..."

Ich zitterte am ganzen Körper wie niemals zuvor. Heiss und kalt zur selben Zeit. Der Schwindel riss mich fast zu Boden. Ich schnappte hektisch nach Luft, es war unerträglich warm in diesem kleinen Raum im Obergeschoss. Ich hatte das Gefühl, ersticken zu müssen und innerlich zu verbrennen. Dann verlor ich die Beherrschung, kein Körperteil war mehr unter meiner Kontrolle. Den Unterkiefer hielt ich mit einer Hand fest, weil er wie wild gegen den oberen schlug. Die butterweichen Knie verunmöglichten weiterhin einen sicheren Stand. „Lieber Gott, hilf mir!", flehte ich Richtung Himmel und versuchte zwanghaft, einen klaren Gedanken zu fassen. Plötzlich versagte meine Blase. Hatte ich in die Hose gemacht? Ich spürte, wie es aus mir hinauslief. Panikbefallen zog ich meine Hose hinunter und schaute nach. Alles war trocken. Das Gefühl des Auslaufens blieb bestehen und machte mich wahnsinnig. Tränenflüsse nahmen mir jede klare Sicht und die Augen krampften sich zu schmalen Schlitzen zusammen. Im Spielfilmformat 16:9 nahm ich meine Umgebung wahr und kam mir dabei wie in einem üblen Horrorfilm vor. Mir wurde schlecht und alles drehte sich mehr und mehr um mich herum. Ich wollte schnellstens aus diesem Raum im Obergeschoss hinaus und zwang mich zur Selbstbeherrschung. Ich ordnete grob meine Gedanken, beeinflusste den schnappenden Atem und versuchte, mich zu beruhigen. Es klappte nicht wie erhofft, die Aufregung wurde nicht weniger. Mehrmals zwang ich mich zum ruhigeren Atmen. Mein Herz schlug jedoch immer stärker. Mein Puls war für mich an jeder Körperstelle zu fühlen. Mein Kopf drohte zu platzen, Hände und Füsse glühten regelrecht. Überstürzt riss ich die Tür auf und flüchtete aus dem Badezimmer hinaus auf den Flur. Ich stürmte die Treppen hinunter Richtung Erdgeschoss, Richtung Haustür. Ich wollte weit weg von dieser unerträglichen Situation. Weg von meiner Mutter, hinaus aus diesem Horrorhaus. Mein Vater schaute mich beim Hinausrasen bemitleidend an, bat mich, mir hinterherrufend, bei meiner Patentante zu übernachten. Raus aus dem Haus rannte ich durch den dunklen Garten, auf schmalen Steinplatten, und irrte danach ziellos durch einige kleine Seitenstrassen.

Rückblickend habe ich keine Ahnung, wie ich in diesem Zustand zu meiner Patentante gefunden hatte. Jedenfalls kam ich unversehrt dort an und wurde besorgt aufgenommen. In der folgenden Nacht wünschte ich mir verzweifelt, dass dieses Erlebnis nur ein schlechter Traum war. »

Der nächste Morgen formte langsam die Realität zurück. Viel zu schnell wurde es wieder hell. Geschlafen hatte ich wenig und schlecht, mich beschäftigte immer derselbe Alptraum. Nach dem Aufstehen blendete ich die Geschehnisse des Vortags erst gar nicht wieder ein. Ich verdrängte sie mit aller verfügbaren Kraft und spielte mit meinen Cousins am Computer. Ein fast gewöhnlicher Tag, bis auf die Turbulenzen am Vorabend. Am darauf folgenden Morgen sassen wir wieder am PC und befanden uns hoch konzentriert in der neuen und faszinierenden Atari-Welt, als die Zimmertür aufsprang. Meine Patentante stürzte ins Zimmer und befahl mir: „Komm mit! Deine Mutter ist gerade gestorben!" Sie fasste mich an der Hand und wir eilten aus dem Haus hinaus zum Auto und fuhren einen Hügel hinunter in Richtung des Hauses, in dem gerade eine besondere Frau verstorben war. „Sie ist ... ist ... sie ist tot!" Komisch, dieser Satz löste in dem Moment überhaupt keine Reaktionen in mir aus. Hätte das nicht anders sein müssen? Ich schämte mich für das fehlende Gefühl zum gebotenen Anlass. Am Elternhaus angekommen stürzte ich benommen an meinem Vater, dem ewigen Türsteher, vorbei in Richtung Schlafzimmer. Wie in Trance nahm ich noch seine väterliche Umarmung wahr, löste mich genervt und trat ins Schlafzimmer ein. Ich schaute nach links unten und sah die Leiche einer Frau im Bett liegen. Es dauerte ein paar Augenblicke, Sekunden, Minuten oder andere Zeiteinheiten, bis ich die Tote länger anschaute und nicht mehr ungläubig meinen Blick senkte. Es lag so unglaublich wenig Mensch dort. Fehlte da nicht die Hälfte? Mein Blick wanderte von den Haarspitzen bis zu den Füssen und wieder zurück. Ins Gesicht blickte ich noch nicht. Die Decke lag nur von den Füssen bis zum Becken auf dem Leichnam. Die Konturen der Brüste fehlten. Wo waren sie hin? Ihre Arme lagen an den Körperseiten entlang. Das lange Nachthemd formte auch diese nicht ab. So schmal und hager waren sie geworden. Vorsichtig wanderte mein Blick in das bis zuletzt schmerzerfüllte Gesicht. Er traf auf die eingefallenen Augenhöhlen und hervorstehenden Schädelknochen. Auf den kleinen Mund mit schmalen Lippen. Auf graue Schläfen und dünnstes Haupthaar. Das sollte meine Mutter sein? Eine gewisse Ähnlichkeit war gegeben, unbestritten, aber warum sah meine Mutter wie eine 80-jährige Frau aus? Sie war doch erst 54 Jahre alt. Immer wieder musterte ich den kompletten Körper. Von oben bis unten und nochmals von vorn. Im Schlafzimmer waren auch meine Geschwister und meine Grossmutter. Mein Vater stand abseits und beobachtete ungläubig diese Situation.

Mittlerweile war ich allein im Schlafzimmer. Ungefähr eine Stunde war seit meiner Ankunft vergangen. Das ganze Haus war menschenleer geworden, ohne dass ich es bemerkte. Der Familienrest organisierte schon das Unumgängliche wie Zeitungsanzeigen, Ämtergänge, diverse Beerdigungsvorbereitungen et cetera. Kniend sass ich am Bettrand an der Seite des Leichnams meiner Mutter. Eine fast friedlich wirkende Situation, in der ich stiller Teilnehmer war. Auch ihr Gesichtsausdruck schien friedvoller geworden zu sein. Es war fast genug Zeit vorhanden, um von ihr Abschied zu nehmen. Doch, wie müsste ich mich verabschieden? Was könnte ich ihr noch sagen wollen? Wie macht man das als 15-jähriger junger Mensch? Stattdessen wollte ich Fragen stellen und noch schnell ein paar klärende Antworten erhalten. Über die verstorbene Person, mich, die Welt und vor allem meine Zukunft. Meine Hand griff an ihren ausgezehrten rechten Oberarm und rüttelte fordernd daran. Eventuell schlief meine Mutter nur tief. Sie war ganz kalt geworden. Ich versuchte, eine Verbindung herzustellen, packte kräftiger zu. Kurz hatte ich sogar den Eindruck, eine allerletzte Regung vernommen zu haben. Irritiert sass ich am Boden und versuchte, zu denken. In dieser Situation funktionierte Denken irgendwie nicht. Endlich hatte ich es begriffen. Es war nicht mehr möglich, von einer Toten eine Antwort zu erhalten oder darauf zu warten, dass sie sich zum Abschied noch einmal bewegte. Auch eine Mutter war nach dem Tod bewegungsunfähig ...

Am frühen Nachmittag kam mein Vater mit meinen Geschwistern zurück. Sie traten in den hellen Hausflur. Hinter ihnen rollten die Bestattungsunternehmer einen Sarg ins elterliche Schlafzimmer. Erzählungen von Familienmitgliedern nach verliess ich die Seite des Leichnams nicht freiwillig. Selbst habe ich ab dem Zeitpunkt, an dem der Sarg ins Haus gerollt worden war, keine verlässlichen Erinnerungen mehr an diesen Tag. »

Erschöpft und körperlos legte ich mich schlafen. Ich schaute zur Balkontür meines Zimmers, in die Nacht hinein. Es war immer noch erdrückend warm, kein Windstoss, der Abkühlung verschaffte. Der erste Tag als Halbwaise war vorbei. Am Vortag erst war sie gestorben und trotzdem ging das Leben um mich herum unaufhaltsam weiter. Das verwirrte mich, denn mein Leben stand still. Ich nahm weder den Wochentag noch die Uhrzeit wahr. Seltsam betäubt verging dieser Tag schneller und unspektakulärer als erwartet. Er verging sogar schneller, als ich ertragen konnte. Warum war nicht das ganze Dorf in Trauerstarre verfallen wie ich? Der Lärm, die Hektik und die mittrauernden Menschen des vergangenen Tages waren fort. All das hatte mich abgelenkt und dafür gesorgt, dass sich meine Mutter immer noch im Zentrum des Geschehens befand. Nun wurde es ruhig um sie. Besorgniserregende Stille kehrte ein und setzte sich mir auf den Brustkorb. Sie wog schwer. Müsste nun auch ich sterben? Absterben aufgrund mangelnder Versorgung – wie ein abgetrennter Ast? In meinem Kopf bildeten sich spontan unbekannte Notenstränge. Selbst komponierte Melodien und folgender Satz füllten meinen Kopf: „Der erste Tag ohne Mutter ist geschafft, jetzt folgt nur noch der Rest meines Lebens". Ich realisierte den Wahrheitsgehalt dieser nachhaltigen Aussage sowie ihre Tragweite und erschrak über diesen Gedankengang. Überlebensangst und ein nervöses Zucken stiegen von den Füssen ausgehend in mir auf. Mein Zimmer drehte sich um mich herum, bis mir übel wurde. Die Gedankenspirale im Kopf drehte sich unaufhörlich weiter. Bis ich erschöpft die Augen schloss, um dem Durcheinander zu entkommen. Als ich mitten in der Nacht wieder die Augen öffnete, sämtliche Symptome waren zwischenzeitlich verschwunden, wurde mir klar, dass ich diese Situation nicht lange auszuhalten vermochte und eine Lösung finden musste. Gelähmt von der Verlusterfahrung sinnierte ich lange über einen möglichen Ausweg weiter. Die einzige Möglichkeit, die mir meine Gedanken aufzeigten, um dieser Situation zu entfliehen und diese zu beenden, wurde ab dieser Nacht zu meinem mich fortan begleitenden Credo. »

Tag der Beerdigung: Die Augen hätte ich am liebsten geschlossen gelassen. Es ging jedoch nicht, das Adrenalin im Blut riss meine Pupillen förmlich auf. Meine Augenlider sprangen auseinander, als würden sie mit Expandern hinter dem Kopf zusammengespannt. „Heute findet die Beerdigung statt!" Aufstehen, anziehen, keine Ahnung, was sonst noch alles erledigt und beachtet werden musste. Jedenfalls lief ich am frühen Nachmittag mit meinem Vater, Oma, Geschwistern und Schwägerin zum Dorffriedhof. Mein Kopf fühlte sich schwer an und drückte. Ich konnte keinen klaren Gedanken fassen und reagierte nur auf Anweisungen. Schon stand ich in einer Reihe mit Schwester, Oma, Schwägerin, Bruder und Vater in der Friedhofskapelle. Rechts aussen stand ich, die Familie war links von mir aufgereiht. Schliesslich betrat auch die restliche Trauergesellschaft den Kapellenflur. Sie liefen direkt auf uns zu und wendeten sich kondolierend, einer nach dem anderen, an das Familienoberhaupt. Der Reihe nach wurde jedem kondoliert und am Reihenende wartete meine Hand darauf, geschüttelt zu werden. „Halt, nicht weggehen!" Ich traute meinen Augen kaum. Der erste Trauergast gab jedem in der Reihe seine Hand: Vater, Bruder, Schwägerin, Oma, Schwester, aber kurz vor meiner Hand drehte er sich um. Fast so, als wäre ich Luft für ihn gewesen. „Bestimmt eine Ausnahme, er hatte mich unbeabsichtigt übersehen oder war es doch Vorsatz?" Ich liess mir meine Enttäuschung darüber nicht anmerken. Diese Schmach wollte ich für mich behalten. Es folgte die Kondolenz des zweiten Trauergastes. Erst bei Vater, Bruder, Schwägerin, Oma, dann Schwester und – „Halt!" – auch diese Hand zog ignorierend an mir vorüber. „Was war hier los, was hatte ich falsch gemacht?" Es passierte daraufhin gleich noch einmal und danach wieder und ... Fast die gesamte Trauergesellschaft kondolierte meiner Familie, mich liessen hingegen fast alle ausser Acht. Ich realisierte dieses unerklärliche Verhalten, kannte aber nicht den Grund und wurde ganz steif vor Sorge. „Was hatte ich falsch gemacht?" Ein mir bekanntes Kopfdrehen setzte unverzüglich ein. Mein Magen wollte sich seines Inhalts entledigen und mir wurde zum Erbrechen schlecht. Ich glaubte, umfallen zu müssen, blieb aber standhaft und atmete tief durch. Stattdessen funktionierten meine Augen nicht mehr wie gewohnt. Ein weisser Rahmen bildete sich um mein Sichtfeld herum. Ich blickte fast wie durch einen Tunnel, an dessen Ende ich meine Familie erkannte. Diese rückte mit jedem Lidschlag weitere zehn Meter von mir weg. Ich verstand überhaupt nicht, was vor sich ging, und mich beschlich das Gefühl, dass ich hier für den Tod meiner Mutter verantwortlich gemacht wurde. Ich selbst hatte das auch schon einige Male gedacht. Hatte ich meine Mutter zu Lebzeiten zu oft geärgert? War ich zu oft ein schwieriges Kind gewesen, das zur Last fiel? Das hatte mir jedenfalls mein Bruder, als ich noch ein Kind war, in vielen massregelnden Gesprächen gesagt, in denen er meine Gehorsamkeit infrage stellte. Sein Missfallen und die Angst vor ihm waren mir von jeher sicher. Seiner damaligen Meinung nach hätte ich folgsam sein und bessere schulische Leistungen erbringen sollen. Meine Vermutungen schienen bewiesen; durch meine Vorliebe für Unfug und die ständig Grenzen auslotende Art war meine Mutter krank geworden und gestorben. Das dachten wohl auch die Trauergäste von mir und verwehrten mir daher ihre Anteilnahme. Davon war ich in diesem Moment überzeugt. In meinem Kopf war nur noch Schwindel. Kein Gedanke, der mich gestützt hätte. Die Mundwinkel oben zu halten war nicht mehr möglich und zu weinen unumgänglich. Ich fühlte Taubheit. Ich sah meine Angehörigen am fernen Ende des Tunnels stehen. Unerreichbar weit weg. Gefühlt entrückte ich diesem Verbund und gehörte fortan nicht mehr dazu. »

Am ersten Schultag nach den Sommerferien waren die Treppen zur Kirche noch schwerer zu beschreiten als in den Jahren zuvor. Einen Fuss vor den anderen setzend stieg ich widerwillig Richtung Eingang hinauf. Die pflichterfüllenden Kirchenbesuche der Wochen zuvor hätten eigentlich für lange Zeit ausgereicht. Wie üblich tat ich aber das, was von mir verlangt wurde, und nicht das, was ich wollte. Verlangt wurde der Gottesdienst zum Schuljahresbeginn und nicht meine beharrliche Verweigerung der Teilnahme – so bemängelte es mein Vater scharf. Ich ergab mich angesichts solcher unbezwingbarer Argumentationen, die mich zunehmend urteilsunfähiger sowie kraft- und meinungsloser machten. Ich ging folglich die besagten Treppen hoch, bis mich eine Hand von hinten am T-Shirt ziehend zurückhielt. Ich drehte mich um und schaute in die Gesichter dreier Mädchen aus der Parallelklasse. „Du, stimmt's, dass deine Mutter während der Ferien abgekratzt ist?" Schockiert von dieser unpassenden Ausdrucksweise starrte ich ein Loch in die fragenden Mitschülerinnen. Konsterniert nickte ich mit dem Kopf, drehte mich wortlos um und lief weiter. Tranceartig hockte ich während des Gottesdienstes auf einer der hinteren Kirchenbänke. Gedankenabwesend. Ich war traurig, mir war schwindlig und schlecht. Ich ahnte, dass so mancher in der Schule über mein Sommerferienerlebnis Bescheid wusste. In einem stillen Gebet wendete ich mich eindringlich an den Konfessionsvorsteher über mir und versuchte, ihm ein Versprechen abzuringen. Keine weiteren derartigen Fragen zu meiner Verlusterfahrung wollte ich ertragen müssen. Nie wieder wollte ich darauf antworten müssen. Gebetsmühlenartig wiederholte ich diese Bitte, bis sie in eine handfeste Forderung umschlug und der Kirchgang endete. »

Die Faszination für eine Person namens Ursula hielt bei mir seit Kindertagen an. Wir lernten uns kennen, als ich noch ein Kind war und sie bereits eine Frau. Gemeinsam mit anderen Spielkameraden ärgerte ich sie, wenn sich unsere Wege kreuzten.

Auf schnellen Sohlen hetzte Ursula eingeschüchtert an uns vorbei, damit wir wenig Gelegenheit hatten, sie zu belästigen. Sie erkannte uns schon von Weitem, beschleunigte daraufhin ihren Gang und zog wortlos an uns vorbei. Sie verzog dabei keine Miene. Trotz kindlichster Streiche.

Bis sie zufällig eines Tages mit mir ins Gespräch kam und wir schnell gewisse Gemeinsamkeiten entdeckten. Wenn uns auch mehr als 30 Jahre trennten, waren wir geistig fast gleich alt und uns sehr sympathisch. Von da an verteidigte ich sie eisern gegen alle anderen Kinder und deren Schikanen. Wie ein Wolf sprang ich schützend vor Ursula und wehrte jeden Angriff ab. Sie schien mir deshalb dankbar zu sein und erzählte immer häufiger persönlichere Geschichten. Ursula wohnte etwas abgelegen im gleichen Dorf am Waldrand. Ich erfuhr, dass sie mit einigen Freunden zusammen in einem grossen Haus lebte. Sie hatte dort sogar Personal. Ursula wurde regelmässig bekocht, ihre Wäsche wurde gewaschen und gebügelt. Im Gegensatz zu mir musste sie ihr Zimmer nicht selbst aufräumen. Mein Neid war ihr dadurch sicher. Ihre ausführlichen und schnellen Erzählungen von zuhause faszinierten mich. In offener und lauter Manier konnte sie mich damit stundenlang fesseln. Sie erzählte wie ein Wasserfall, hatte sie erst einmal losgelegt. Es verging aber keiner ihrer Sätze, an dem ich nicht ihre unsichere und zerbrechliche Seite hätte durchhören können. Ursula war eine kleine und extrem schüchterne, sehr schlanke Frau mit unreiner, knubbeliger Haut, kurzen Haaren und einer alten Hornbrille auf der Nase, mit dicksten Gläsern versehen. Dahinter ihre kleinen Augen, es waren die aufmerksamsten Augen des ganzen Dorfes. Um ihren Erzählungen zu lauschen, musste ich sie immer ein Stück ihres Weges begleiten. Ursula hatte ständig etwas zu tun und selten Zeit, ihren flotten Gang zu unterbrechen. Schnellen Schrittes berichtete sie mir von ihrem Zuhause oder ihrem früheren Leben bei ihren Eltern. Das war sehr kurz gewesen, denn schon als Kind wurde sie in dieses Haus mit Personal gegeben. Ihre Eltern wollten das so, nur Ursula nicht. Sie wäre lieber bei ihnen geblieben. Als Grund für die Entscheidung ihrer Eltern mutmasste sie, dass es an ihrer Andersartigkeit gelegen habe. Sie war weder so hübsch noch so aufnahmefähig, wie ihre Eltern das von ihr erwartet hatten, erzählte sie mir. Auch ihre eher grobmotorischen Bewegungen machten Ursulas Eltern mehr zu schaffen als ihr selbst. Ursula bemühte sich, allen Ansprüchen, die an sie gestellt worden waren, zu genügen, denn sie hoffte darauf, von ihren Eltern besucht zu werden. Sie rechnete fest mit diesem Besuch, wenn sie nur lange und hart genug dafür an sich arbeitete. Sie hatte ihre Eltern zuletzt gesehen, da hatte ihr die Kindheit noch ins Gesicht geschrieben gestanden. Nun, als reife, sehr reife Frau schien ihr dieser Wunsch immer noch greifbar nah. Fantasievoll malte sie sich ein Wiedersehen aus und bastelte Geschenke oder kreierte Bilder mit Wachsmalstiften. Sie zeichnete sich oft als Mutter mehrerer Kinder und bedauerte so ihr kinderloses Dasein. Sie erklärte mir, dass geistig behinderte Menschen früh operiert würden, um selbst keine Kinder zu bekommen, weil behinderte Menschen nicht beliebt waren und man nicht noch mehr davon haben wollte. Sie selbst gehöre dieser Gruppe an und wäre nicht gesund im Kopf. Das wäre auch der Grund, warum ihre Eltern sich von ihr abgewandt hatten. Dass Ursula seltsam aussah und eine spezielle Art an sich hatte, war auch mir schon am Anfang aufgefallen, da es nicht zu übersehen war. Ich dachte, dass das diese uralte Brille auslösen würde. Eine geistige Behinderung jedoch übersah ich. Ich sah sie als grundehrliche, naive, aber intelligente Frau, von der ich Unterricht in Menschenkunde erhielt. Sie verschaffte mir Zugang zu einer mir unbekannten geistigen Welt. Ihre Lebensweisheiten trafen messerscharf zu, weil erfrischend einfach formuliert, damit auch ich sie nachvollziehen konnte. Ursula wusste, dass ich sie nur verstand, wenn sie zu einer einfacheren Sprache griff. Zu viele Erzählungen waren es, aus denen ich etwas von ihr gelernt hatte, als dass ich Ursula als geistig behindert hätte bezeichnen können. Eher hätte ich mich und Ursulas Diagnosesteller als behindert bezeichnet als Ursula in Person. Sie zeigte mir andere Menschen aus ihrem Zuhause, die ebenfalls alle als behindert galten, sich aber durch spezielle Eigenschaften hervorhoben. Einer von ihnen imitierte Tierstimmen, auch von Tieren, die es noch gar nicht gab. Ein anderer löste Kreuzworträtsel in kürzester Zeit und eine weitere erkannte Menschen mit schlechten Absichten schon von Weitem. Mich beeindruckten sie allesamt und ich genoss diesen Umgang mit solch interessanten Menschen jedes Mal.

Mit einem ihrer Mitbewohner verband Ursula irgendwann ein ganz besonderes Verhältnis. Beide waren ein Paar und mochten sich sehr gut leiden. So gut, dass sie beschlossen, zusammenzuziehen und ein eigenständigeres Leben zu führen. Sie erzählte mir von ihm mit grossen Augen und schräg gehaltenem Kopf in den buntesten Bildern und der geplante Zusammenzug liess sie förmlich überschäumen vor Glück. Sie war verliebt bis über beide Ohren und bald schon wollte Ursula alles für ihre neue Zukunft geben. Es war ihr erster fester Freund. Mithilfe von ihrem Betreuer gründete sie ihren ersten eigenen

Haushalt. Sie war stolz, ein fast normales Leben führen zu können und eine Art Familie zu bilden, mit ihrem neuen Freund und ein paar alten Puppen, die sie liebte und pflegte wie eigene Kinder. Da sie so lange für ihre „heile Welt" gekämpft hatte, verteidigte sie diese nun beharrlich. Plötzlich akzeptierte sie nur noch den Besuch und die Hilfestellung von ihrem Betreuer und schottete sich merklich ab. Meine seltenen Besuche behagten ihrem Freund nicht, erzählte sie mir. Er war der Überzeugung, dass ich ihm Ursula abwerben wollte. Ursula war bald ähnlicher Auffassung und misstraute mir zunehmend. Ich war fortan nicht mehr gern gesehen als Gast. Sie verschloss sich mir gegenüber zunehmend und äusserte, dass sie keinen Kontakt mehr zu mir wollte, damit sie ihren Freund behielt. Das schnelle Ende einer längeren und ungewöhnlichen Freundschaft war somit beschlossen. »

Mein Vater bemühte sich, im Alltag eine geordnete Struktur für uns beide zu schaffen. Durch gemeinsame Mahlzeiten versuchte er, eine Regelmässigkeit einzuführen, die nach dem ganzen Beerdigungsstress nur schwer wieder einzog. Wir sassen am Esstisch im Wohnzimmer und hatten uns nicht viel zu erzählen, ausser „Guten Appetit!" wurde selten etwas gesagt. Tagesgeschehnisse anzusprechen, vermieden wir. Themen wie das Fehlen meiner Mutter oder der Tod seiner Ehefrau wurden weitestmöglich umschifft und in Untiefen versenkt.

An einem ruhigen Tagesende, wir assen zu Abend, besuchte uns unerwartet eine meiner Tanten. Wir bekamen selten Besuch und Freunde von mir waren nach dem Tod meiner Mutter im Haus nicht mehr willkommen. Nach einem oberflächlichen Wortwechsel mit besagter Tante verriet sie uns den Grund ihres spontanen Besuchs. Auf angemessene Weise, aber ungewohnt zwanglos fragte sie nach der weiteren Verwendung der Kleidungsstücke meiner Mutter. Ob sie diese erhalten könnte, um somit ihrer verstorbenen Schwester zu gedenken. Untermauert wurde ihre Bitte durch praktische Erwägungen. Zum Beispiel unseren mangelnden Nutzen durch die Frauenbekleidung und ihren Vorteil durch eine dadurch umgangene Neuanschaffung. Mein Vater ass entspannt weiter und sinnierte etwas über diesen Gedanken. Die offene Diskussion darüber nahm mir jegliches Hungergefühl. Den Bissen im Mund konnte ich nicht mehr hinunterschlucken. Fassungslos folgte ich dem Gespräch und schaute regungslos auf meinen Teller hinunter. Mit den Worten „Nein, das will ich nicht!", äusserte ich mehrmals meinen Standpunkt. Daraufhin wurde ich von meiner Tante um eine logische Erklärung meiner Aussage gebeten. Mir fehlten die Worte. Es war mir nicht möglich, in dieser Situation auch nur ein einleuchtendes Gegenargument zu finden. Ich wollte aufstehen und in mein Zimmer gehen. Die Kraft dazu war aber nicht vorhanden. Stattdessen verharrte ich wie angebunden am Tisch und vernahm die lockere Zustimmung meines Vaters bezüglich des Anliegens meiner Tante. Ich fragte mich, wer innerhalb der Familie Freund oder Feind geworden war. Die resolute Tante wendete sich weiter freundlich und konstant an mich. Sie sprach mich direkt an und versuchte, eine Begründung für das von mir ausgesprochene Veto zu erhalten. Schlüssig widerlegte sie alle hervorgebrachten Bedenken und verdeutlichte immer wieder ihre Intention während dieser beharrlichen Fragestunde. Mein Nein war unabdingbar, aber immer schwerer zu halten. Meine Stimme wollte bei den Anwesenden nicht gleichermaßen Gehör finden. Mir wurde bewusst, dass ich aus ihrer Sicht lediglich das Stimmrecht eines Kindes besass. Diesem wurde in meiner Familie nie der gleiche Wert beigemessen wie dem eines Erwachsenen. Egal, bei welchen Themen. Bei Fehlentscheidungen jedoch, wie sie im Kindes- und Jugendalter häufig vorkamen, wurde von meinem Vater und meinen Geschwistern hingegen meist nach dem Erwachsenenstrafrecht be- und verurteilt. Uneinsichtig und erschöpft von diesem Hin und Her schwieg ich mich durch das Gespräch. Ich zuckte mit den Achseln, wenn eine Reaktion unumgänglich war, und hoffte, schnellstens aus diesem verbalen Schraubstock zu gelangen. Mein Körpergefühl hatte ich mittlerweile verloren. Arme und Beine fühlten sich taub an. Mein Blick wendete sich nicht mehr vom Tellerrand ab. Ich war gedemütigt und hatte aufgegeben. »

Zwei Schulfreunde und ich liefen durch unser Dorfzentrum. Keinem der beiden hatte ich auch nur ansatzweise meine Erlebnisse während der Sommerferien anvertraut. Zu keinem hätte ich auch nur einen Funken Vertrautheit verspürt, um dieses Geschehnis zu offenbaren. Zu dieser Zeit hätte ich mir nicht vorstellen können, mit irgendjemandem über den Tod meiner Mutter zu reden. Allein der Gedanke daran, dass ich das tun müsste, löste Unbehagen bei mir aus. Wir liefen über den Marktplatz und redeten weder viel noch wirklich Wichtiges. Eine ältere Frau kam uns entgegen. Sie erkannte mich von Weitem und winkte mir unablässig zu, bis sie vor uns stand. Alle Versuche, sie zu übersehen, schlugen fehl. Es war eine Bekannte meiner Mutter, mit einer Vorliebe für ausgedehnte Gespräche an öffentlichen Orten. Sie begann, interessiert nach meiner Begleitung und mir zu fragen. Zurückhaltend, aber freundlich antworteten wir. Wir hatten keine Lust auf einen Kaffeeklatsch mit einer unbekannten älteren Dame. Fast hatten wir ein schnelles Ende mit knappen Antworten herbeigezwungen, dann fragte sie: „Ach, deine Mutter habe ich schon lange nicht mehr beim Einkaufen getroffen, geht es ihr endlich besser?" Verstanden hatte ich die Frage einwandfrei. Zu antworten vermochte ich allerdings nicht. Stattdessen zwang ich mir ein mildes Lächeln ins Gesicht. Um mir den Schock darüber, auf diese Frage antworten zu müssen, nicht anmerken zu lassen. „Ich komme sie bald besuchen, richte ihr das bitte aus. Wie geht es ihr denn?", hakte die alte Dame nach. Auf diese Fragen eine Antwort zu finden, wurde für mich zu einer körperlichen Aufgabe, was auch meinen Begleitern nicht entging. Auch sie bestanden auf einer Aussage, um die für sie fremde Frau zufriedenzustellen. Drei Augenpaare waren gespannt auf mich gerichtet, als ich zu einer Antwort ansetzte: „Sie ist letzte Woche gestorben." Ich sprach absichtlich sehr undeutlich, dadurch bestand noch ein Rest Chance, dass meine Mitschüler die Antwort nicht verstanden und die aufdringliche Bekannte endlich Ruhe gab. Gedemütigt blickte ich auf das Kopfsteinpflaster und bemerkte die einsetzenden Kreislaufprobleme. Ich kannte dieses ohnmächtige Gefühl seit einiger Zeit und hatte mich bereits daran gewöhnt. Zuverlässig wurde es nach ungefähr einer Minute schwächer und war kurz danach fast verflogen. Langsam hob ich meinen Kopf und schaute der alten Dame ins Gesicht. Fast traute ich meinen Augen nicht: Sie weinte. Dicke Tränen rannen über ihre faltigen Wangen. Ungehemmt, vor uns allen, weinte sie bittere Tränen um ihre liebe Freundin. Das war mir endgültig zu viel an Herausforderungen. Keine Sekunde länger konnte ich an diesem Ort verharren. Um die Kontrolle über meine Emotionen zu behalten, lief ich einfach davon. So schnell ich konnte. Weg von der alten, investigativen Dame und meinen zwei Begleitern. Hinaus aus dem Dorfkern, keiner sollte meine Trauer zu sehen bekommen. Aufgewühlt und ausser mir realisierte ich meine Umgebung erst wieder zuhause. Zitternd und mit einem Gefühl der Blamage setzte ich mich in meinen Sessel. Ich starrte die Zimmerwand an. Das Kopfkino zeigte mir sämtliche Sequenzen aus der Vergangenheit. Sie drehten sich um das eben Geschehene oder Ereignisse, die weiter zurücklagen. Ein unbändiges Hassgefühl ergriff mich. Hass auf meine Schulfreunde, die neugierige ältere Frau und alle um mich herum. Ich wünschte ihnen Ungutes dafür, was sie mir angetan hatten.»

Der Vorfall bezüglich der Kleidung meiner Mutter war längst verdrängt, als ich bei genau dieser Tante vorbeischaute. Wie schon vor dem Tod meiner Mutter lud sie mich auch danach häufig zum Essen ein oder ich verbrachte dort Zeit mit meinen Cousins. Wir unterhielten uns dann über Schulisches oder andere belanglose Alltagsdinge. Alles war wie immer, bis mein Blick an ihren Schuhen hängen blieb. Wenige Minuten später geschah dasselbe mit ihrem Pullover. Nichts ahnend hatte ich mich an den üppig gedeckten Mittagstisch gesetzt, bis es mir plötzlich auffiel. Mir war klar, warum die Schuhe meinen Blick anzogen: Es waren die Kleidungsstücke meiner Mutter: Hose, Pulli, Schuhe. Alles hatte ich schon mindestens einmal an meiner Mutter gesehen. Gefühlt schlug mir in diesem Moment jemand mit einem harten Gegenstand auf den Hinterkopf. Ich wurde nachdenklich und still, wusste nicht, wie ich darüber denken sollte. Genug Mut, um ihr mein Unbehagen mitzuteilen, hatte ich nicht. Ich wäre bestimmt mit hochrotem Kopf ins Koma gefallen, hätte ich das auch nur versucht. Ich bemerkte den einsetzenden Schwindel und grüsste ihn freundlich. Die zerreissende Wehmut, das Kopfkino, das mir eine ausgezehrte, krebskranke Frau vor mein geistiges Auge projizierte, bedeckte ich schluckweise mit Essen. Ich ass zu Ende und verabschiedete mich nicht weniger herzlich als sonst von meiner Tante. Jedes Familienmitglied hatte eben seine entsprechende Weise gefunden, mit diesem Verlust umzugehen. Meine Mutter war zugleich eine beliebte Stieftochter, Halbschwester, Schwester, Ehefrau, Frau, Schwiegermutter, Patentante, Tante, Schwägerin, Oma (für die beiden Kinder meines Bruders), Freundin und Bekannte gewesen. Sie hinterliess an vielen Stellen eine Lücke, die auf individuelle Weise geschlossen wurde. Gewollt hätte ich es, ich konnte aber die Art der anderen, ihr zu gedenken, nicht kontrollieren. Mit diesem für mich ungewöhnlich toleranten Gedanken ging ich nachhause. Beweinte mich, mein Leben, die Vergangenheit und auch die Zukunft. Vor Letzterem hatte ich die meiste Angst. »

Von den Sesseltagen erlebte ich immer mehr. Schon frühmorgens sass ich an freien Tagen in meinem Zimmer vor dem TV. Der Lehnsessel gab mir zwangsläufig seine Form. Unbeteiligt blickte ich in den laufenden Fernseher hinein. Das Programm nahm ich nicht wahr, denn vor meinen Augen lief eine eigene Kopfkinoproduktion ab. Dabei tauchte ich in die Welt meiner Seelenmüllhalde ein, die mir meinen Lebensmut zu nehmen schien. Dabei war es mir nicht möglich, aus diesen Eigenproduktionen auszusteigen und mich auf meine Umgebung zu konzentrieren. Ich verharrte fast fremdbestimmt in diesen geistigen Vorführungen. Sie begannen weder mit einer Vorankündigung noch zu einer festen Zeit, beanspruchten aber meine komplette Aufmerksamkeit. Wie in Organza gehüllt fiel ich in Vergangenes zurück. Ich durchlebte viele unangenehme Situationen immer wieder. War ein Traum zu Ende, begann der nächste. Nahtlos aneinandergereiht, oft den ganzen Tag lang. Tagelang. Vor mich hinstarrend, weinend war ich unternehmungsunfähig geworden. Nur das durchdringende Pfeifen meines Vaters vom Erdgeschoss aus gemahnte mich an unser gemeinsames Mittagessen. Der von meiner Grossmutter gern gesehene tägliche Besuch zwang mich zusätzlich aus der Gedankenstarre und dem eingesunkenen Sessel. Zunehmend schwankte die Regelmässigkeit dieser Besuche. »

Bis zu der Frage, warum in meinem Lebenslauf nur ein Elternteil aufgeführt wurde, lief mein allererstes Bewerbungsgespräch ganz passabel. Ich bewarb mich für eine Ausbildungsstelle in der Gastronomie und für meine 16 Jahre trat ich selbstbewusst und überzeugend auf, konnte meine Motivation, ein leistungsbereiter Auszubildender zu sein, gut vermitteln. Mit dieser Frage hatte ich allerdings nicht gerechnet. Beim Verfassen meiner Bewerbung hatte ich es nicht geschafft, beide Elternnamen aufzuschreiben. Jemanden im Lebenslauf nicht aufzuführen, an den man nicht mehr erinnert werden möchte, kam mir richtig und konsequent vor. Das war Selbstschutz. All das dachte ich mir in einem Sekundenbruchteil, sagte es meinem Chef in spe aber nicht. Aufgewühlt suchte ich nach einer erklärenden Antwort, um seine Neugier endlich zu stillen. Dann setzte das bekannte Schwindelgefühl ein. Es liess in unangenehmen Situationen nicht lange auf sich warten. Blut schoss mir in den Kopf, erdbeerrot verfärbte sich dadurch mein Gesicht. Die Gesprächspause war viel zu lang. Ich versuchte weiterhin, einen gefassten Eindruck zu vermitteln, konnte aber nicht verhindern, in diese Art von Gedankenstarre zu gleiten, die mich so abwesend erscheinen liess. Seine Absage wäre jedoch kein erträglicher Ausgang des Bewerbungsverfahrens für mich gewesen. Dies machte mir mein Ego bewusst. Also quälte ich mich mit Wortfetzen zurück in den Dialog „Letztes – äh, sie – sie ist letztes Jahr verstorben." Tränen verkniff ich mir. Diesen Gesichtsverlust musste ich mir ersparen. Mein Gesprächspartner zeigte sich zuvorkommend und entspannt. Er gab mir daraufhin einige Minuten Verschnaufpause, bevor er fragend fortfuhr. Ich antwortete fortan gehemmt, aber durchgängig. Ich blieb freundlich und zielorientiert. Auch mit rotem Kopf. Ich hoffte, dass er das Gespräch bald beendete. Wenig später näherten wir uns den üblichen Abschiedsfloskeln. Beim Händeschütteln erzählte er kurz von seiner Jugend. Dieser Mann hatte beide Elternteile verloren. Sehr früh war er erst Halb-, dann Vollwaise geworden. Ich traute meinen Ohren kaum. Es schien noch andere Menschen mit einer imperfekten Vergangenheit zu geben. Bis dahin hatte ich keinen davon persönlich gekannt und solche Erfahrungsberichte hätte ich in einem Bewerbungsgespräch auch nicht erwartet. Perplex von seinen offenen Worten verliess ich das Büro. Erleichtert lief ich in Richtung meines Vaters, der draussen im Auto auf mich wartete. Einige Tage später wurde mir mein erster Vertrag für eine Ausbildung im Gastronomiebereich zugeschickt, den ich motiviert und zugleich besorgt unterschrieb. »

Allmählich hatte ich unbewusst eine eigene Zeitrechnung eingeführt. Meine Vergangenheit war in zwei Zeitperioden unterteilt und so wurde jedes Ereignis ganz automatisch entweder in die Zeit vor August 1994 oder in den Zeitraum von August 1994 und die Zeit danach eingeordnet. Dies machte daraus folglich entweder eine positiv oder negativ besetzte Erinnerung. Bis August 1994 sind meine Gedanken an eine mehrheitlich gute Zeit gebunden, von der Krebserkrankung meiner Mutter durch Realitätsverzerrung beschützt. Seit August 1994 und danach sind alle Erlebnisse durch den realen Tod und dessen Folgeerscheinungen belastet. Gehemmt durch die automatische Zuweisung zu Gut und Schlecht fiel mir das Zeigen von Gefühlen immer schwerer. Für mein Umfeld war es nicht nachvollziehbar, wenn mich Gedanken an eine schöne Erinnerung traurig stimmten, weil sie nach 1994 stattfand. So wirkte meine erwartete, aber gespielte Freude für manche Mitmenschen unauthentisch. Der daraus abgeleitete Vorwurf an mich, ich sei undankbar und wisse nichts zu schätzen, war für mich gut nachvollziehbar. Durch diese schmerzhafte Erkenntnis zog ich mich ganz zurück und versuchte fortan, alle gesellschaftlichen Verpflichtungen zu umgehen. Hinter dem Schutzmantel verschiedener Krankheiten versteckte ich meine Unfähigkeit, am sozialen Leben teilzunehmen. Die dadurch zunehmende Einsamkeit war von der Zunahme meiner Tagträumereien begleitet. Aus diesen wurde ich abrupt gerissen, wenn vom Erdgeschoss aus dieses schrille Pfeifen ertönte. Ich rannte zur Zimmertür, öffnete und antwortete mit den Worten „Was ist?", bis mir auffiel, dass keiner ausser mir zuhause war. Ich setzte mich wieder in meinen Sessel und wartete auf das Gedankenkino. Einige Zeit später rannte ich wieder zur Tür, weil ich ein Pfeifen vernahm. Es klang wie dieser Ton, den meine Mutter damals mit ihrer Trillerpfeife erzeugt hatte. Schwach und markerschütternd. Ich bemerkte schnell, dass ich wohl meinen Gedanken auf den Leim gegangen war. Dieses Spiel setzte sich fort – mit dem Erklingen meines Namens. Es klang, als hätte meine Mutter vom Erdgeschoss aus meinen Namen gerufen. Immer wieder rannte ich zur Zimmertür und starrte die Treppen hinunter. War wirklich keiner da? Es hatte sich so echt angehört. Über Jahre hinweg hörte ich meine Mutters pfeifen und ihre Stimme erklingen. Von ihrem Todesort aus, dem Elternschlafzimmer im Erdgeschoss, schien sie mich zu quälen. Erst passierte es nur im Elternhaus, dann auch ausserhalb. Im Garten hörte ich meinen Namen – keiner da. Auf dem Schulweg drehte ich mich plötzlich um – niemand hinter mir, der hätte rufen können. Dasselbe im Klassenzimmer, beim Einkauf oder sonst wo. Es waren meine Gedanken, welche die Stimme meiner Mutter abspielten. Selbst als Weckruf begrüsste mich das Rufen meiner Mutter. Meist noch im Halbschlaf schreckte ich auf und war augenblicklich in Alarmbereitschaft versetzt. Mir lag der Verdacht nahe, dass ich zunehmend verrückter wurde. Mein Vorhaben, meine psychische Gesundheit zu verteidigen und meine Entwicklung nicht vom Todesgeschehnis steuern zu lassen, war bedroht. Mein Verhalten wurde mir zunehmend fremder und unerklärlicher. Mich unversehrt durch mein verhasstes Leben zu lenken, das wurde mir klar, würde nicht möglich sein. »

Friedhofsbesuche: Wieder sass ich, 1996, mit rot geweinten Augen in meinem Sessel und war mir selbst nicht der, der ich mir selbst hätte sein können. Alle ablaufenden Gedankengänge waren grau und wurden von mir nicht bunter gedacht. Dicke Tränen weinend suhlte ich mich in dichtem Selbstmitleid. Bis sich ein schrilles Pfeifen in den Gehörgang bohrte: Es war der unmissverständliche Aufruf meines Vaters, mich an der Zimmertür im Obergeschoss zu zeigen. „Komm mit, wir gehen zum Friedhof!", befahl er. Mir wurde sofort schlecht, als ich uns beide in Gedanken am Grab stehen sah. Ich konnte mir diesen schweren Gang mit ihm partout nicht vorstellen. Weder an jenem Tag noch am folgenden noch irgendwann. Das Vertrauensverhältnis zu meinem Erziehungsberechtigten war damals so dünn, dass selbst ein dünnes Haar dicker war. Zu oft erschienen mir seine Entscheidungen unlogisch, verletzten mich seine Wutausbrüche oder enttäuschte mich sein Verhalten anderen Menschen gegenüber. Keinesfalls durfte ich nachgeben, mich auch noch dieser psychologischen Folter aussetzen und ihm zum Friedhof folgen. In einer fast endlos andauernden Diskussion, die im Wesentlichen aus „DOCH!" und „NEIN!" bestand, bewarfen wir uns gegenseitig mit Worten. Als die Verzweiflung meines Vaters überhand nahm, spielte er einen Trumpf aus: „Wenn dich jetzt deine Mutter hören könnte, würde sie sich im Grab umdrehen." Von allen Gedanken schlagartig befreit bohrte sich diese Aussage sekundenschnell in meinem Gehörgang fest. Ich kapitulierte und zog mir widerstandslos eine Jacke über. Innerlich schwenkte ich die weisse Fahne und ergab mich meinem Feind. Bereit dazu, mich auszuliefern und meinen Willen zu verleugnen. Der folgende Friedhofsbesuch war kurz und schmerzlos. Es fühlte sich taub an und ein trüber Schleier legte sich schützend über die Details. Ich fühlte nicht mehr vieles am besagten Tag. Erst abends, als ich im Bett lag, drehten sich meine Gedanken wie in einer Endlosschleife um diesen Vorfall. Leise durchdrang mich die Sehnsucht nach dem hellen Licht am Tunnelende. In den folgenden Wochen legte ich mir einen beachtlichen Vorrat an schlaffördernden Medikamenten zu. Je grösser dieser Bestand wurde, desto zuversichtlicher wurden meine Gedanken. Die gesammelten Tabletten beruhigten mich und zeigten mir gleichzeitig den Ausweg auf, den ich zu gehen bereit war. »

Mittagspause am Arbeitsplatz. Hungrig stellte ich das Fertigmenü in die Mikrowelle und stellte den Drehknopf auf zwei Minuten. Ich wollte zurück in den nahen Aufenthaltsraum laufen, als mich eine freundliche, fast mütterlich wirkende Kollegin fragte, warum meine Mutter mir nicht selbst gekochtes Essen mitgab. „Kann deine Mutter kochen?" – „JA!" Das hätte sie zumindest für mich getan, hätte sie den (Koch-)Löffel nicht abgeben müssen. Einige Kollegen standen um mich herum und hörten zu, deshalb dachte ich mir alles Weitere ausser dem mürrischen Ja. Die Kollegin hakte doppelt hauswirtschaftlich fundiert nach: „Mehr zu kochen und für die Arbeit einzupacken, ist einfacher und billiger als ein Fertigmenü", belehrte sie mich. „Richte deiner Mutter Grüsse aus, sie soll sich das noch mal überlegen." Unangenehm ertappt versprach ich dieser Frau alles, was sie hören wollte. Hauptsache, sie liess mich vor den anderen Kollegen in Ruhe. Nicht auszudenken, wenn einer von ihnen mein Geheimnis erfuhr. Ich wollte selbst bestimmen, wem ich was von mir preisgab. Zurück im Aufenthaltsraum zwang ich das Essen in mich hinein. Mein Magen rebellierte, das war mir egal. Ich war der Bestimmende. Nicht Familie, Kollegen oder mein Körper hatten das Sagen …

Ein paar Tage später bemerkte ich, wie genau diese Kollegin mich eingehend beobachtete. Zuerst versuchte ich, sie zu ignorieren, was mir nicht gelang. Ich sprach sie an: „Warum beobachtest du mich?" „Ich wusste nicht, dass deine Mutter nicht mehr lebt, du armer kleiner Junge!" Mit zitternder Stimme und Tränen in den Augen liess sie mir all ihr verfügbares Mitleid zukommen und bedachte mich mit übergriffähnlichen Zuneigungsbekundungen, wieder vor allen Kollegen sowie Chef und Chefin. Als ich diesem Gefühlswirrwarr entkommen war, entschied ich mich dafür, dass meine Mutter für alle, die ich nicht an mich heranlassen wollte, noch leben sollte. Ihr Tod musste vor diesem Personenkreis unbedingt geheim gehalten werden, damit mir das Kopfkino vor ihnen erspart blieb und unangenehme, persönliche Fragen keine Gewalt über mich ausüben konnten. Auf meine Kreativität, um spontan Märchengeschichten über diesen Teil meiner Vergangenheit zu erfinden, war fortan Verlass. Ich erzählte zudringlich Fragenden einfach das, was mein Umfeld hören wollte und verkraften konnte. Viele brauchten anscheinend die Bestätigung, dass hinter einem Jugendlichen eine schützende Mutter stand. Dass dem so war, versicherte ich zwar ungern, aber überzeugend. Keinem Aussenstehenden wollte ich Macht über mich und meine Gefühle geben, keinem gestand ich zu viel Nähe zu, durch das Wissen über meine Vergangenheit und deren Auswirkungen. Ich baute lieber Luftschlösser, voll mit den nötigsten Informationen über meine familiäre Konstellation.

Ich bemerkte zu der Zeit eine zunehmende Veränderung meiner Psyche. Meine Gedanken fühlten sich ungeordnet und fremd an. Die auftretenden Verhaltensweisen wie Rückzug und lethargische Phasen, allerlei fremde Ängste und neue Ansichten über mich und mein weiteres Leben waren von mir nicht gewollt herbeigeführt. Tatenlos stand ich neben mir und war unfähig, diese negativen Veränderungen aufzuhalten. Umso wichtiger erschien es mir, diese nicht von meinem Umfeld auf meine ungünstige Familiensituation zurückführen lassen zu können. Mitleid oder Geringschätzung verletzten mich mehr als ein verbaler Angriff.»

Abgekapselt von der Aussenwelt verbrachte ich meine Freizeit während des ersten Ausbildungsjahrs fast nur noch zuhause in meinem Zimmer im sicheren Sessel sitzend. Der Weg zwischen Ausbildungsstelle und Schlafplatz war fast der einzige Kontakt nach aussen. Ich empfand ihn als zunehmend mühsamer. Oft traf ich auf fremde Menschen, die meine Mutter noch kannten, deren Gesicht mir jedoch selten geläufig war. Sie fragten interessiert nach, versuchten, einen wohlwollenden Dialog zu formen. Für mich war es hingegen, je öfter diese Versuche erfolgten, umso ärgerlicher. Es bedeutete das penetrante Sich-Erinnern an etwas, das ich dringend vergessen musste, um meinen Kopf wieder steuern zu können. Schon nach wenigen auf der Strasse gegangenen Metern bemerkte ich meine Abneigung gegenüber meiner Umwelt. Ich wechselte grundsätzlich die Strassenseite, sobald mir eine Person entgegenkam. Über Schleichwege umging ich grossräumig potenzielle Gesprächspartner. Sprechen fiel mir zunehmend schwerer. Manche Konsonanten überforderten meine Zunge derart, dass ich in meinen eigenen Ohren wie ein Legastheniker klang. Tagelang konnte sie am Gaumen festkleben und ich fühlte mich wie ein lallender Betrunkener. Fremde fragten nach kurzer Zeit, aus welchem Landesteil ich zugereist wäre oder ob ich skandinavischer Herkunft sei. Ich versank jeweils im Erdboden und leuchtete dabei wie ein Glühwurm bei Neumond. Ich fühlte mich ertappt, als würde mir ein Finger in eine offene Wunde gebohrt. Rot anzulaufen, war mir peinlich und ich versuchte, es zu verstecken. Meine ganze Aufmerksamkeit konzentrierte sich auf meinen Kopf und ich hoffte, von dieser ziegelroten Schmach zukünftig verschont zu bleiben. Das Gegenteil war der Fall. Rot anzulaufen, passierte dadurch öfter und in den unvorteilhaftesten Situationen. Erniedrigt gab mein Selbstbewusstsein dieses Vorhaben auf. Ich hätte weder die Kraft noch den Selbstwert aufbringen können, um mich in der nötigen Weise zu unterstützen. Einige Wochen später traf ich deshalb keine Terminabsprachen mehr. Ich war überdies zu unmotiviert und unwillig, diese einzuhalten. Den Gang zum Supermarkt vermied ich und liess alles Notwendige von meinem Vater besorgen. Die Blicke im Dorfzentrum wurden mir unerträglich unangenehm und die Gefahr, auf Bekannte zu stossen oder an der Kasse etwas sagen zu müssen, war mir zu gross. Sprach mich eine Kassiererin unerwartet an, zitterten meine Beine und die Knie wurden butterweich. Mein Wortgestammel blieb unverstanden und ich rannte fort. Bei Menschenmengen, schon ab drei Personen, geschah das Gleiche auch ohne direkte Ansprache. Meine Beine waren dann zum stabilen Stehen oder Gehen nicht mehr zu gebrauchen und wollten mich kaum noch mit dem Erdboden verbinden. Während der Arbeit in der Gastronomie, es war ein kleines Restaurant, in dem ich arbeitete, konnte ich mich noch einigermassen zusammenreissen, aber privat resignierte ich und blieb zuhause in meinem sicheren Sessel sitzen. Den Blick zum TV gerichtet. Der festen Überzeugung, alles hätte sich gegen mich verschworen. »

Eines Abends holte mich mein Vater von der Arbeit ab. Am späten Sonntagabend war es nicht mehr möglich, mit den öffentlichen Verkehrsmitteln nachhause zu kommen. Ich stieg ins Auto ein und begrüsste ihn. Wir vermieden ein Gespräch auf der Fahrt, hatten schon lange keinen gemeinsamen Gesprächsstoff mehr. Schweigend und verkrampft ertrugen wir die zwangsläufige körperliche Nähe. Während einer langen roten Ampelphase bemerkte ich, wie mein Vater mehrmals fassungslos den Kopf schüttelte. Beim nächsten Mal bat ich ihn, sich nicht weiter über diese Ampel aufzuregen. Er versicherte mir, dass ihm nicht diese Anlass zum Kopfschütteln bot, sondern etwas ganz anderes, was er mir und meiner Generation allerdings nicht sagen könnte. Neugierig geworden wollte ich es aber unbedingt wissen und hakte grob nach. Nun platzte es aus meinem Vater heraus: „Bei Hitler hätte es so etwas nicht gegeben!" Erstaunt über diese Aussage wollte ich es noch genauer wissen und liess mich nicht abwimmeln. „Bei Hitler wäre dieses Pack weggekommen. Diese minderwertigen Kreaturen kosten nur Geld und gehören weg!" Ich fand keine Worte für das, was ich hörte, und schaute in die Richtung, in die auch mein Vater blickte. Auf dem Trottoir gegenüber lief eine kleine Gruppe behinderter Menschen entlang. Mehrere „Ursulas" zogen an uns vorbei. Nun wusste ich, was mein Vater meinte. Für ihn waren behinderte Menschen keine Menschen, sondern nur eine nicht zu gebrauchende Masse Fleisch, die vernichtet werden sollte. Was er nicht wusste: Für mich waren es trotzdem oder gerade deshalb Menschen. Für mich waren sie die „Normalos" unter allen. Gedanklich verharrte ich bei dem von meinem Vater Ausgesprochenen. Ich wusste, dass er es ernst meinte. So oder ähnlich abfällig sprach er auch über Ausländer. Das hatte mich schon aufgeregt, seit ich zu denken begann. Meine Atmung beschleunigte sich und mein Kopfkarussell rotierte wie wild. Ich hätte schreien, schlagen, weinen, brutalst zutreten, irritiert nachfragen oder auch morden können. Alles innerhalb einer Minute. Ein weiteres Mal von meinem Erzeuger enttäuscht beschloss ich, ihn dieses Mal nicht ungestraft zu lassen. Die vielen ausländerfeindlichen Parolen ertrug ich schon viel zu lange kommentarlos, weil jegliche Gegenwehr meinem Vater die Plattform bot, die er suchte, und er regelrecht darin aufging. Meine Reaktion auf seine Aussage war folgende und diese lief nonverbal ab: Verständnisvoll räumte ich seinem niederen Denkmuster sämtliche Rechte ein, die ihm zugestanden werden mussten, denn Deutschland war ein freies Land. Gleichzeitig grenzte ich mich aber emotional von ihm ab und entzog ihm jegliche Gefühlsbindung meinerseits. Selbst den unbändigen Hass auf meinen Vater, den er durch diese Aussage entflammte, wandelte ich um. Ich verwandelte den Hass in Bewunderung für Behinderte und beeinträchtigte Menschen aller Art, in In- und Ausländer, einfach jegliche Lebensformen inklusive potenzieller ausserirdischer Lebensformen. Es war gleichzeitig ein unumkehrbarer Entschluss von mir, mit der elterlichen Bindung zu meinem Vater zu brechen. Das war mir bewusst und ich konnte abschätzen, was dies bedeutete, denn die Grausamkeit meines Entschlusses würde sich erst Jahre später zeigen. Diese Entscheidung half mir, mich von meinem Vater zu distanzieren und ihn für das Gesagte gerecht zu bestrafen. Um meinen Vater nicht überall in ein schlechtes Licht zu rücken und ihn schlechter darzustellen, als er wahrscheinlich war, bis auf seltene Ausnahmen, entschloss ich mich ferner dazu, nur noch positiv von ihm zu sprechen, sollte ich nach ihm gefragt werden und Antworten finden müssen. Diese Taktik kannte ich hinreichend, weil ich sie schon bezüglich meiner verstorbenen Mutter anwendete. Nun erweiterte ich eben mein Lügengebilde um ein paar Erzählungen. Ach ja: Fast hätte ich vergessen, zu erzählen, dass ich mich in dieser Situation noch dazu entschloss, wenn ich erwachsen werde, selbst auch Ausländer zu sein.»

Schwermütig sass ich auf dem kalten Küchenboden im Erdgeschoss, das Haustelefon neben mir. Mein Vater war für einige Stunden weggefahren und ich konnte zuhause tun und lassen, was ich wollte. Ich wählte die Nummer der Telefonseelsorge. Diese war mir einige Tage zuvor an einer Bushal-

testelle im Nachbarort ins Auge gefallen, die drei-
stellige Zahlenkombination war einfach zu merken.
Ich wählte vorsichtig die Nummer. Als es klingelte,
legte ich jedoch auf. Zu suspekt war mir der aufkei-
mende Mut in mir, zu unsicher der fremde Gesprächspartner, der eventuell unbequeme Fragen
stellen könnte. Ich lief hoch in mein Zimmer und
überlegte, was mir aus meiner unvorteilhaften Situation zuhause heraushelfen könnte. Ich wollte
diese nicht mehr länger ertragen und nicht mehr
länger dabei zusehen müssen, wie sich mir mein
Geist entfremdete. Unbändiger Hass auf meinen
Vater ergriff mich und der Gedanke, dass mein Elternhaus meine psychische Gesundheit beeinträchtigte, trieb mich an. Zu oft hatte ich seltsame Stimmen gehört und von Alpträumen wurde ich regelrecht gequält. Enthemmt rannte ich die Treppen
hinunter und schnappte mir erneut den Telefonhörer, tippte auf drei Tasten und wartete angespannt,
was passierte. Mit erstickter Stimme und rasendem
Herzschlag antworte ich vorsichtig der Person am
anderen Ende. Es war eine einfühlsame und gedul-
dige Frau. Sie fragte interessiert, aber nicht aufdringlich nach und hatte Verständnis für meine un-
gute Lage. Das intensive Gespräch dauerte lange
und das Ende wurde von mir herbeigesehnt, da ich
fürchtete, dass mein Vater früher zurückkommen

könnte als geplant. Er reagierte oft ungehalten, wenn er mich am Telefon hängen sah. Zum Schluss des Gesprächs sagte die seelsorgende Dame, dass ich dringend ausziehen und Verantwortung für mich übernehmen sollte. Das war mir zuvor noch nicht richtig bewusst gewesen. Ich erschrak, war ich doch erst 16 Jahre alt. Es war das erste Mal, dass eine aussenstehende Person mir sagte, was ich schon lange ahnte. Verantwortung für mein Wohlergehen konnte nur ich übernehmen, denn kein anderer wusste, wie ich mich fühlte und wie stark meine Verzweiflung fortgeschritten war. Ich legte den Telefonhörer auf und ging verunsichert wieder nach oben in mein Zimmer, schlug die Zimmertür zu und verkroch mich in meinem Bett.

Es dauerte vier Wochen, bis ich genug Kraft gesammelt hatte, um beim zuständigen 20 Kilometer entfernten Jugendamt einen Termin für mich zu organisieren. Schon Tage vor diesem Termin war ich sehr aufgeregt und konnte mich kaum noch konzentrieren. Als der ersehnte Tag gekommen war, an dem ich mich auf den Weg zum Amt machte, war ich unerwartet ruhig. Eine seltsame Stille kehrte in mir ein und ich traf, in fast meditativer Stimmung, auf den zuständigen Betreuer meines Postleitzahlenbereichs. Nach einer kurzen oberflächlichen Unterhaltung wollte er den genauen Grund meines

Besuchs wissen. Anfangs schilderte ich nur grob meine Beweggründe, die mich zu ihm führten. Ich hatte Angst davor, meine Probleme beim Namen zu nennen. Mein Betreuer hatte aber nur wenig Zeit. Schnell drohte er mir damit, das Gespräch zu beenden und sich wichtigeren Aufgaben zu widmen, sollte ich weiterhin nicht mit der Sprache herausrücken. Angesichts dieser angedrohten Konsequenzen platzten alle meine Probleme auf einmal heraus und ich donnerte sie ihm an den Kopf: unverarbeiteter Tod meiner Mutter, Hass auf meinen Vater, das Hören von Stimmen, fehlender Sinn im Leben etc.

Als ich mit meinen Ausführungen fertig war, sagte der perplexe Beamte: „Du musst so schnell wie möglich aus diesem Haus raus!" Er versprach mir sofortige Unterstützung und wollte mich einige Tage später an meinem Arbeitsplatz anrufen, um weitere Details mit mir zu besprechen. Zuhause wollte ich seinen Anruf nicht entgegennehmen, zu gross war die Angst vor meinem Vater. Nach diesem Gespräch trat ich erleichtert und hoffnungsvoll meinen Heimweg an. In den Tagen darauf wartete ich angespannt auf seinen Anruf.

Es vergingen fast zwei Wochen, bis mich mein Chef zu sich rief und mir mitteilte, dass ein Mitarbeiter vom Kreisjugendamt mich sprechen möchte und ich solche Gespräche kein weiteres Mal am Arbeitsplatz führen könne. Erwartungsvoll legte ich den Telefonhörer ans Ohr und wartete, bis mein Chef sein Büro verliess. Stattdessen blieb er neben mir stehen und bestand darauf, dass das Telefongespräch schnellstens von mir beendet wurde. „Hallo, wer ist am Apparat?" Es meldete sich mein zuständiger Berater, bei dem ich Wochen zuvor den Gesprächstermin gehabt hatte. Verhalten grüsste ich ihn und wartete auf anstehende Veränderungen. Dann erzählte der Jugendbeamte von seinem Besuch, zuhause bei meinem Vater. Er hätte ihn ein paar Tage zuvor getroffen, um sich vor Ort ein Bild von meiner so bedrohlich geschilderten Lage zu verschaffen. Er hätte meinen Erziehungsberechtigten als freundlichen und zugänglichen Mann kennengelernt. Dessen Bemühungen in puncto Erziehung hätten ihn beeindruckt und der mir zur Verfügung stehende Platz im Haus wie auch alle anderen materiellen Voraussetzungen wären mehr als nur ausreichend. Ich solle zufrieden sein mit dem, was ich hatte, und endlich erwachsen werden. Er könne meine Schilderungen nicht nachvollziehen und halte diese für „unglaubwürdig". Deshalb betrachte er seinen Auftrag damit als erledigt. Er legte den Hörer auf, ohne sich zu verabschieden. Ratlos stand ich neben meinem Chef und starrte Löcher in die Wand. Dieser Besuch bei meinem Vater war keinesfalls mit mir abgesprochen gewesen, niemals hätte ich meine Einwilligung dafür gegeben. Mein Chef riss mir wütend den Hörer aus der Hand und donnerte ihn zurück auf das Telefon. Mit einem kräftigen Schubs befahl er mir den Weg zurück ins Restaurant. Was hatte mein Vater erzählt, um aus diesem Horrorhaus ein Märchenschloss zu zaubern? Er hatte in den letzten Tagen mit keinem Wort dieses Treffen erwähnt, geisterte es mir endlos durch den Kopf. Ich konnte mich kaum noch auf die Arbeit konzentrieren. Die einsetzenden Magenschmerzen ersetzten meinen Gedankensturm. Am Abend sprach ich meinen Vater direkt auf dieses Treffen an. Er bestätigte es mir kurz und schüttelte zugleich angewidert seinen Kopf, blickte auf den Boden und sagte mir, dass er ein weiteres Mal von mir enttäuscht sei, wie so oft. Ich solle aus seinen Augen verschwinden. Wir sprachen kein weiteres Mal über dieses Ereignis und hielten unsere Kommunikation einsilbig. Tagelang. »

Die Gedanken an den bevorstehenden Heiligen Abend 1996 bereiteten mir Sorgen. Krampfhaft suchte ich nach einer Lösung für den Abend des folgenden Tages. In jenem Jahr würde ich keinen Familienkompromiss mehr eingehen, sondern unbedingt

Abstand von einem Familienfest nehmen. Der erste Heilige Abend nach dem Tod meiner Mutter lag mir bis zu jenem Jahr noch im Magen. Es war ein gezwungenes Zusammensein voll unehrlicher Harmonie gewesen. Mein Bruder und seine Frau waren bemüht gewesen, meinem Vater keinen Anlass zu cholerischem Verhalten zu bieten. Die Eltern meiner Schwägerin und ich ebenso. Der Familientyrann war nur schwer positiv zu beeinflussen oder bestenfalls zu lenken, wenn er das nicht wollte: Wie bringt man einem missgünstigen Menschen eine optimistische Grundeinstellung näher? Können Katzen fliegen?

Inzwischen war der Nachmittag des 24.12. fast zu Ende. Heiligabend würde somit unweigerlich stattfinden. Ob im Kreise einer Familie oder woanders, der Abend würde kommen. Ich entschied mich nach reiflichen Überlegungen und mit gemischten Gefühlen für den grössten Bahnhof in meiner Umgebung. 40 Kilometer von zuhause weg. Ein derartiges Fest wie im Jahr zuvor würde ich beim besten Willen nicht aushalten. Vorsichtig, aber bestimmt platzierte ich am Nachmittag die Ausrede: „Ich bin am Abend bei Freunden eingeladen." Das Gespräch mit meinem Erziehungsberechtigten blieb erstaunlich ruhig. Dass ich seit ein paar Jahren keine Freunde mehr hatte, war ihm nicht weiter aufgefallen. Er schaute mich misstrauisch und abwertend an und gab mir das erhoffte Einverständnis. Mir fiel ein Fels vom Herzen, so erleichtert war ich. Wenig später zog ich mich besonders warm an und fuhr mit dem Zug eine knappe Stunde lang bis zum Heiligabendbahnhof. Dort angekommen wurde mir schnell langweilig und kalt. Was nun? Mit suchendem Blick und offenen Ohren schlenderte ich durch weite Einkaufsstrassen. Kein Mensch war mehr unterwegs. Aus einem dunklen Hinterhof flog mir Gitarrenmusik in die Ohren. Neugierig und auch etwas eingeschüchtert von der Dunkelheit suchte ich nach der Geräuschquelle. Eine kleine Gruppe Jugendlicher mit bunten Haaren, zerrissenen Klamotten und ein paar Gitarren in den Händen winkte mich zu sich. Es waren Stadtpunks, die es sich mit Ratten auf den Schultern und ihren Hunden in einer Ecke eines Hinterhofs gemütlich gemacht hatten. Beeindruckt schaute ich sie an und versuchte dabei zugleich, möglichst locker zu wirken. Dank den Randständigen kam schnell ein flüssiges, unkompliziertes Gespräch in Gang. Sie erzählten von sich, fragten interessiert nach und hatten Verständnis für meine schüchterne und gehemmte Sprechweise. Sie fanden mich und meine Geschichte sogar sympathisch. Schon nach kurzer Zeit waren wir uns emotional näher, als es mir irgendein Familienmitglied war. Wir teilten ihre Wodkaflasche brüderlich, sangen Lieder viel zu schief, teilten tiefsinnige Gedanken, behoben Schranken, der Wodka liess uns dabei sanft wanken ... Den späteren Abend verbrachten wir bei einer Fastfood-Kette um die Ecke. Wir teilten uns mein Geld. Dafür waren sie sehr dankbar und achteten mich umso mehr. Sie sprachen mir gegenüber, wieder und wieder, anerkennende Worte aus. Innerlich war ich ihnen dankbarer, ich war der Bedürftige. Ich bekam an diesem Abend das von ihnen, was mir meine Familie schon lange nicht mehr gezeigt hatte. Sie schenkten mir ihr Interesse, fühlten mit mir und erkannten meine wertvollen Gedanken. Die fünf Wohnsitzlosen hatten sich gegenseitig, ich hatte keinen und stand innerlich am äusseren Rand. Dieser Abend verging wie im Flug. Gegen 23:00 Uhr brachten mich der letzte Zug und ein mittlerer Fussmarsch zurück in die heimische Hölle. Zufriedener als sonst legte ich mich schlafen. Geprägt von diesem beeindruckenden Zusammenhalt unter Fremden entschloss ich mich dazu, auch in den Folgejahren den 24. Dezember dort zu verbringen. Solche beeindruckenden Erlebnisse ergaben sich jedoch leider nicht mehr. »

Ewig schlafen. Danach sehnte ich mich ehrlich.

Endlich Ruhe finden. In mein Bett zog es mich in den Monaten nach Heiligabend immer häufiger. Dieser Rückzugsort war sicher und wurde von keinem ausser mir beansprucht. Es war der einzige Ort, an dem ich mich ausschliesslich meinen Gedanken zuwenden konnte. Meine schwere Seele auf einer federnden Unterlage ruhen liess. Kurz nach dem Schließen der Augen begannen in Gedanken die Filmvorführungen. Tagesgeschehnisse bildeten sich ab, wurden mehrfach angehalten, zurückgespult und wieder von vorn abgespielt. Sie wechselten sich mit Erinnerungen aus weniger schweren Zeiten ab und wurden durch Töne ersetzt, die sich ohne mein Zutun zu klingenden, neuen Melodien formten. Ich schrieb sie kein einziges Mal auf. Zum Teil lag ich zwölf Stunden oder länger im Bett und sinnierte über Lebensfragen, deren Sinn oder die Sinnlosigkeit des Lebens und nach einem Ausweg daraus. Die Gewissheit, dass ich den falschen Ausbildungsberuf für mich gewählt hatte, befeuerte meine Auswegsuche. Gefangen und fremdbestimmt kam ich mir vor, schliesslich hatte ich bei der Berufswahl auch auf meinen Vater gehört. Unter anderem er hatte mich zu diesem Entschluss bewogen. Gern hätte ich geweint oder geschrien, meinen Vater geprügelt oder angeklagt. Zum Weinen fehlten mir die Tränen, zum Schreien die Kraft und für den Rest der Mut. Alles aufgebraucht und keine Reserven mehr vorhanden. Einzig die Gedanken an die Option des Freitodes, das Grundrecht jedes selbstbestimmten Menschen, erleichterten mich. Darin fand ich Zuflucht und diese boten mir den notwendigen Halt. Diese hoffnungsvolle Aussicht stilisierte ich zur ultimativen Lösung für alle Probleme und beschäftigte mich intensiv damit. Ich verschenkte viele materielle Besitztümer aus meinem Zimmer an Cousins, Cousinen und Nichten und verabschiedete mich so von meiner Umgebung. In abendlichen Gebeten entstand nach und nach der reine und ehrliche Wunsch, dem Leben und dessen Anforderungen quallos zu entfliehen. Am besten durch einen nächtlichen Herzstillstand, womit schon mein österreichischer Grossvater beschenkt worden war. In allabendlichen Gebeten forderte ich diesen letzten Wunsch fanatisch ein. »

Wenig später führte mich mein innerer Drang in die nächstgrössere Stadt. 16-jährig suchte ich mir eine stark frequentierte Strasse aus und teilte die Menschengruppen in jung, alt, zu jung, zu alt ein. Mit einem Anzug bekleidete oder beschäftigt wirkende Passanten fielen sofort durch mein Suchraster. Ich suchte nach äusseren Erscheinungsmerkmalen, die auf Drogenkonsumenten schliessen liessen. Wie man das erkennen konnte, wusste ich zwar nicht, weil mir illegale Substanzen und deren Konsumenten fremd waren, aber ich war entschlossen genug, es herauszufinden. Scheu sprach ich eine junge Frau mit Dreadlocks an und fragte sie nach der stärksten Droge, die ich damals kannte, Heroin. Mit weit aufgerissenen Augen ergriff sie die Flucht. Wenig später erkannte ich einen geheimnisvoll wirkenden Typen unter 25 Jahren in der Menschenmenge. Ich nahm meinen Mut zusammen und fragte wieder nach Heroin. Eine Antwort auf meine Frage blieb aus. Stattdessen winkte er mich bestimmend zur Seite. Verunsichert tapste ich hinterher, in Gedanken schon auf der Polizeiwache sitzend. Hinter Häusern durch, über mehrere Treppen bis zu von Uringeruch geprägten Hinterhöfen. Bis sich mein Dealer unter einem Baum auf den Boden setzte und in einer Plastiktüte wühlte. Er machte einen ernsten Eindruck und liess mich nach einer Weile etwas probieren, was wie Puderzucker aussah, aber ungeahnt bitter schmeckte. Ich nickte ihm routiniert zu und signalisierte somit meine Kaufbereitschaft. Bereitwillig tauschte ich mein Erspartes restlos gegen diesen bitteren Puderzucker ein und verließ schnellstens den Handelsplatz. Auf dem Rückweg in die Innenstadt gab er mir noch Konsumtipps: Nicht das ganze Zeug auf einmal nehmen, sonst geht's schlecht aus. Ich war beruhigt, das zu hören war mir doch ein definitives Ende wichtig. Auf der Zugfahrt zurück nachhause klopfte ich mir anerkennend auf die Schulter. Erleichterung und Stolz auf mich selbst fühlte ich. Für mutig und zielstrebig hielt ich mich und auch für recht wohlhabend, immerhin hatte ich über 500 DM für Heroin eingetauscht. »

Am nächsten Morgen fiel mir das Aufstehen unerwartet leicht. Ich trug eine positive Erwartungshaltung und Gespanntheit in mir. Endlich Erlösung finden. Bei der ungeliebten Arbeitsstelle würde ich an diesem Tag und jedem weiteren nicht mehr erscheinen müssen. Ich schnappte mir die Pulvertüte mit dem weissen Inhalt und einen Joghurtbecher vom Couchtisch. Absolut sicher und geborgen in meiner Entscheidung, mit 17 Jahren mein Leben zu beenden, verliess ich mein Elternhaus. Es war mir schon seit Langem kein Zuhause mehr gewesen. Ich fuhr 5 km mit dem Bus bis zu meinem Arbeitsort. Anstatt jedoch zur Arbeitsstelle zu laufen, verschwand ich auf der schmutzigen Bahnhofstoilette. Ich rollte dort einen Geldschein zusammen, das hatte ich so in Filmen gesehen, und steckte ihn mir in die Nase. Ich leerte das teuer erworbene Heroin in den Becher und setzte mit der Rolle an. Mein Atem stockte, ich zweifelte kurz. Ich sehnte mich aber zu sehr nach meiner Mutter, falls es ein „Danach" geben sollte, und zog das komplette vermeintliche Heilmittel entschlossen in mich hinein. Dem herbeigesehnten Lebensende gefühlt so nah wie niemals zuvor lief ich aus dem Klo. Planlos grob in Richtung Waldrand. 20 Minuten später erreichte ich diesen. Ich lief an Sträuchern vorbei, unter Laubbäumen durch in den Wald hinein. Ratlos schaute ich mich um und fand dann einen weichen Platz bei einer Tanne. Sie lud mich zum ewigen Verweilen ein. Ich nahm die Einladung an, setzte mich vorsichtig hin, lauschte den Blättern im Wind und wartete auf ein friedliches Entschwinden. Fünf, zehn, 15 Minuten vergingen, ich stellte keinerlei Veränderungen fest. Wo war das mir bekannte Schwindelgefühl? Mein untrügliches Zeichen dafür, dass es brenzlig für mich wurde. 30, 60, 90 Minuten später ... Ich hoffte immer noch auf ein schmerzloses Aushauchen meines Lebens und wartete gedanklich auf den viel beschriebenen dunklen Tunnel mit dem hellen Licht am Ende. Das friedlich stimmen sollte und alle Sorgen auflöste.

Plötzlich nahmen die Waldgeräusche zu. Sie wurden

lauter und unerklärlicher. Mein Herz schlug fester, meine Gedanken rasten umher und überschlugen sich. Mein Blick auch. Nichts liess sich mehr fixieren und der Wald wurde ein unheimlicher Ort. Kalt und unsympathisch stellte er sich mir entgegen. Jeder Ast hatte eine zunehmende Eigendynamik entwickelt, die ich genauestens beobachten wollte. Eine anstrengende und stressige Aufgabe. Wolfsschnauzen verschwanden hinter Baumstämmen, spitze Fuchsohren versteckten sich auf Ästen vor mir. Später sogar ganze Tierköpfe. Ein Hund wirkte von Weitem wie ein angeleinter Zerberus. Bereit, die Leine zu zerreissen und mich zu zerfleischen. Hungrig züngelte er mit seiner gespaltenen Zunge nach mir. Gehetzt flüchtete ich aus dem Wald und rannte in Richtung der Wohnsiedlungen hinab. Ich suchte panisch weiter nach einem ruhigen Ort zum Einschlafen. Ruhe wenigstens zum Lebensende. Verwirrt streifte ich durch die Strässchen des kleinen Kurorts und suchte nach einem geeigneten Platz. An einem siebenstöckigen Wohnbunker, unter einem gross gewachsenen Steinlorbeer fand ich den vermeintlich richtigen Platz dafür. Eine weitere Stunde verging unter dieser Pflanze, in der auch nichts passierte, was mich dem Leben entrissen hätte.

Langsam verbesserte sich meine Wahrnehmung wieder. Zugleich keimte ein nie zuvor bemerktes

Verantwortungsbewusstsein in mir auf. Ich hinterfragte meine Entscheidung und stellte fest, dass selbst der Tod nun nicht mehr mein Ausweg sein konnte. Ich lag immer noch lebendig am Boden. Zäh ringend mit meinen verworrenen Ansichten entschloss ich mich für das Leben und eine aktive Verbesserung der erdrückenden Umstände. Ich erinnerte mich an ein entferntes Familienmitglied in dieser Stadt, das mir Monate zuvor seine Hilfe angeboten hatte. Ich suchte das Haus dieses Cousins, klingelte, versuchte, mich auszudrücken, wurde verstanden, bekam Unterstützung in Wort und Tat. Notfallmedizinische Hilfe leistete bei mir das örtliche Krankenhaus, auf dessen Intensivstation ich eine unruhige Nacht verbrachte und mich nach einer weiteren eigenverantwortlich entließ. »

Erste Freundschaften ergaben sich vier Jahre nach 1994. Meinen ersten Sommerurlaub allein in Italien, mit Rucksack und Zelt, hatte ich auf einem beliebten Campingplatz nahe Venedig verbracht. Jugendliche in meinem Alter getroffen. Interessiert, sympathisch und auch aus meiner Gegend stammend. Zurück im Heimatland trafen wir uns mehrfach in Cafés, Kneipen oder bei ihnen daheim. Der Einfluss von sozialen Kontakten auf mein kontrolliertes Leben zuhause war markant. Ich blühte auf, versuchte, Grenzen zu lockern, wollte von meinem Vater endlich mehr Freiheiten zugestanden bekommen. Regelmässige Anrufe von Urlaubskontakten bereicherten mich. Diese wollten natürlich auch ab und zu zurückgerufen werden. Die Telefonrechnung stieg monatlich. Das war meinem Vater nicht entgangen und er war deshalb zunehmend beunruhigt, teilweise etwas gereizt.

Das bestehende Besuchsverbot für Fremde hatte ich rücksichtslos gesprengt. Andreas und Tine waren mich, zum ersten Mal, besuchen gekommen. Wir machten es uns in meinem Reich gemütlich und sprachen locker über unsere weitere Abendgestaltung. Fast fiel das angespannte Vater-Sohn-Verhältnis, in dem ich mich befand, nicht mehr auf. Bis mich ein Pfeifen aus dem angenehmen Gespräch riss. Ich lief schnellstens ins Erdgeschoss, meinen Vater musste ich unbedingt von meinem Besuch fernhalten. Mit grimmigem Gesicht und unter lautstarkem Protest streckte er mir den Telefonhörer entgegen. Ein weiterer Bekannter aus dem Italienurlaub wollte mit mir sprechen. Eingeschüchtert von der ruppigen Begrüssung meines Vorredners war er wortkarg geworden. Der Freund legte mir daraufhin nahe, ihn zukünftig von einer Telefonzelle aus anzurufen. Nach wenigen Minuten endete das angespannte Telefongespräch. Gekränkt folgte ich danach dem bestimmenden Herbeirufen aus dem Wohnzimmer. Dort wartete der zweite Teil der respektlosen Standpauke meines Vaters auf mich: Ihm missfielen jeder eingehende Anruf, der für mich bestimmt war, sowie die fremden Personen im Haus. Dafür war das Haus seiner Meinung nach zu klein. Von seinen Aussagen hart getroffen, waren meine neuen Kontakte doch ein Lichtblick im dunklen Alltagseinerlei, entfuhr mir der Ausspruch „IDIOT!". Das ging unkontrolliert und ungefiltert an meinen Vormund im Wohnzimmerstuhl. Im Affekt sprang dieser aus dem Sitz. Schimpfworterfüllt rannte er mir entgegen und ich vor ihm weg. Die Treppen hoch stürzend rannte ich sofort weiter hinauf zu meinem Zimmer. Mein Vater dicht hinter mir, plötzlich mit einem hölzernen Schlagstock in seiner Hand: „ICH SCHLAG DICH TOT!" Atemlos stürzte ich zu Andreas und Tine ins Zimmer hinein. Vom Lärm aufgeschreckt standen sie fluchtbereit vor mir. Reflexartig stemmten wir uns gegen meine Zimmertür. Zu dritt pressten wir uns mit vereinten Kräften dagegen. Dahinter tobte mein Vater, der sich den Zugang mit seinem Holzstock freischlagen wollte. Vor der abgeschlossenen Tür fuhr er ungebremst mit Hasstiraden fort. Der Schlagstock hämmerte noch mehrmals gegen die Holztür, dann wurde es still. Wir zitterten und wussten das Geschehene noch nicht einzuordnen. Wir beruhigten uns gegenseitig. Ich sank erschöpft in meinen Sessel und gleich darauf in einen Wachtraum. Das Wegdriften in eine imaginäre Gedankenwelt rettete mich vor dem Irrsinn, der vor meiner Zimmertür stattfand. Dank meinem Bruder – telefonisch herbeigerufen von meinem Vater –, der als Mediator fungierte, entkamen wir eine Stunde später aus dem Haus. Ich übernachtete bei Andreas, der mich hilfsbereit unterstützte. Ein Cousin bot mir für einen Monat Obdach an, nachdem ich von meiner Schwester abgewiesen worden war. Ihr Partner war der Überzeugung, dass mein fehlender Optimismus und ihre 4-Zimmer-Wohnung nicht ausreichten, um mich für einen Monat aufzunehmen. Nach einem Monat bei diesem Cousin zog ich in meine erste eigene Wohnung in der Nähe meiner Arbeitsstelle im besagten siebenstöckigen Haus mit dem Steinlorbeer davor. »

Mit 18 Jahren war dieses dunkle Zimmer inklusive Kochgelegenheit und Balkon meine erste Wohnung. Notgedrungen verbrachte ich die Anfangszeit meiner Eigenständigkeit darin. Mit der Zeit schlug mir die massive 70er-Jahre Eichenholzeinrichtung aufs Gemüt. Die rustikale Schrankwand war genauso retro wie meine Vergangenheitszugewandtheit und liess kaum helle Gedanken zu. Der zweckmässige Balkon zeigte direkt auf meinen damaligen Arbeitsplatz: ein kleines Krankenhaus, in dem ich 13 Monate lang meinen Zivildienst verrichtete. In verschiedenen Schichten wurde ich dort zur Unterstützung des Pflegepersonals eingesetzt. Ich half den Fachkräften während des straff organisierten Tagesablaufs durch die Übernahme von einfachen Arbeiten: Botengänge, Aufräumarbeiten, Essensausgabe, Patientenwäsche, Medikamente austeilen et cetera. Engagiert versuchte ich, das zu bewerkstelligen, was mir auch mehrheitlich gelang. Trotz meiner introvertierten Art hatte ich das Gefühl, angenommen zu sein. Meine Leistung wurde anerkannt. Unerwartet wohl fühlte ich mich an diesem Platz. Weil mir bewusst wurde, dass dieses fremde Umfeld unbekannte Interessen und Eigenschaften von mir ans Tageslicht beförderte. Dass mir Vertrauen entgegengebracht wurde und die Arbeiten in hellen Räumen verrichtet wurden. Meine dunkle Einzimmerwohnung mit Kochnische war das genaue Gegenteil davon. Der unumgängliche Kontakt mit ständig wechselnden Menschen stellte mich vor unangenehme Herausforderungen, da meine Unsicherheit teilweise schwer zu steuern war. Diese wurde in einem solchen Fall für jedermann durch meinen hochroten Kopf sichtbar und ich kam mir jedes Mal erniedrigt vor, wenn mir das Blut in den Kopf schoss. Unsicherheit und ein fehlendes Selbstwertgefühl boten gewissen Fachkräften die Möglichkeit, mich als Frustableiter zu gebrauchen. Das nahm ich als hierarchische Gegebenheit hin. Wortlos lud ich mir auch die Beschimpfungen von Patienten auf und kritisierte mich gleich selbst mit. Ungefiltert nahm ich jede Kritik an. Mehrheitlich war die zugeteilte Arbeit jedoch eine Bereicherung für mein wenig strukturiertes Leben. Dadurch liessen sich Tugenden bilden, die mir bis dato neu waren: Prioritäten setzen, Verantwortung übernehmen, Abgrenzung, Bedürfnisformulierung. Das führte zu einer Stabilität um mich herum, die ich genoss. Mit Leichtigkeit bewältigte ich die vorbeiziehenden Monate. Ich erlebte den unerwarteten Tod eines Patienten. Ich wehrte persönliche Beschimpfungen durch Patienten ab. Ich signalisierte mein Interesse an anderen Berufsbereichen, wie dem Operationssaal, was dort wiederum auf Gegeninteresse stieß. Täglich wuchsen mein Bewusstsein für das Geleistete und der Stolz auf mich selbst. Mit diesen neu ausgeprägten Eigenschaften betrat ich nun jedes Patientenzimmer.

Mit einem Essenstablett in der linken Hand öff–

nete ich eines Tages die Tür zu einem Dreibettzimmer. Auf dem mittleren Bett sass eine junge Frau und schaute in ihre gefalteten Hände. Sie sah mich an: „Der Arzt hat mir gerade gesagt, dass ich Krebs habe und er mich nicht mehr operieren kann. Was soll ich tun?" Unvermittelt fühlte ich mich in einen Alptraum geworfen. So irreal kam mir diese Situation vor. Ein grauer Schleier legte sich über meinen Blick und ein Faustschlag traf mich in den Magen. Alle verfügbaren Gedanken drehten sich nur noch um meine Mutter und darum, wie sie damals wohl ihre Krebsdiagnose erhalten hatte. Ähnlich wie diese Frau? Ich verkniff mir Tränen und rannte nicht schreiend aus dem Zimmer. Gefasst und ruhig stellte ich mich dieser Diagnose. Ich wischte die trübe Sicht lupenrein und wendete mich der krebskranken Patientin zu. Verantwortlich ihr gegenüber, weil mich der Krebs selbst überforderte, fühlte ich mit ihr. So bot ich alles an, was mir zur Verfügung stand: zwei gesunde Ohren. Als sie mich um einen Rat bat, erzählte ich zurückhaltend von meiner Mutter. Wie bewundernswert sie gegen ihre Diagnose angekämpft hatte. Meine Zuhörerin verfolgte interessiert meine Worte und fand Parallelen. Erleichtert fragte sie nach dem aktuellen Gesundheitszustand meiner Mutter. Kurz stockend wusste ich zunächst keine Antwort darauf. Ich wusste nicht, ob ich den wirklichen Verlauf benennen sollte. Bevor meine Denkpause Zweifel nährte, entschied ich mich dafür, zu lügen. Eine Notlüge sprang mir von den Lippen. Ein kleines Luftschloss baute sich nach und nach im Patientenzimmer auf. Dass meine Mutter das Leben mehr geniesse als vor der Diagnose. Dieser Bericht erhellte den Blick meiner Gesprächspartnerin. Wir schwiegen uns an, bevor ich mich mit den besten Wünschen für ihre Gesundheit verabschiedete. Kurz vor Schichtende übergab ich mich aufgrund meiner Magenschmerzen, die das Gespräch mit der krebskranken Frau ausgelöst hatte. Am folgenden Morgen meldete ich mich krank.

Zuhause versank ich in einer grau-schwarzen Grundstimmung, die sich erst nach zwei Wochen beherrschen liess. Ein ärztliches Attest verschaffte mir diese Pause. Als ich mich wieder bereit fühlte und arbeitete, war diese Patientin längst in eine Spezialklinik verlegt worden. »

Mit Anfang zwanzig entschloss ich mich für eine weitere Ausbildung. In der gleichen Einrichtung, in der ich schon den Zivildienst geleistet hatte. In einem Funktionsbereich mit neuen Anforderungen, der mehr Abstand zu Patienten bot. Die neuen Aufgaben im Operationssaal bedingten Interesse an Abläufen, Aufnahmefähigkeit und eine ausgeprägte Stressresistenz. Auch in hektischen Momenten musste rational gehandelt werden. Soziale Kompetenz und ein hohes Mass an Selbstkontrolle wurden vorausgesetzt. Die Eingewöhnung musste aufgrund des Personalmangels schnell erfolgen und den Anforderungen war ausnahmslos Folge zu leisten. Fehler wurden nicht geduldet, sondern stiessen auf Unverständnis. Dieser Perfektionismus musste unweigerlich übernommen werden, denn die Erwartungshaltung um mich herum war hoch. Akzeptanz im Team fand nur der, der allen Ansprüchen gerecht wurde. Schnell gerieten Mitarbeiter in einen Sog der Antipathie, wenn sie nicht das leisteten, was die Vorgesetzten forderten. Dies erzählten mir eingeschüchterte Kollegen. Ich musste folglich unbedingt bestehen, allein deswegen, weil mein berufliches wie privates Umfeld das nicht von mir erwartete. Während einer vorbereitenden Massnahme in einem Nebenraum, stoisch verinnerlichte ich den Ablauf der bevorstehenden Stunden, stürmte eine Vorgesetzte herein. Sie hakte akribisch nach und testete mein noch begrenztes Fachwissen. Ich befand mich mittlerweile im zweiten Ausbildungsjahr. Den von ihr aufgestellten Fettnäpfchen konnte ich nicht lange ausweichen. Das wurde mir schnell klar.

Zunehmend verunsichert versuchte ich, anspruchs-gerechte Antworten zu konstruieren. Was nur kurz funktionierte, denn ihr Unmut hätte sich auch im Falle korrekter Lösungen nicht abwenden lassen. Nase rümpfend erläuterte die Ausbildungsbeauf-tragte mir, warum genau ich für diesen verantwor-tungsvollen Job nicht geeignet wäre. Ihr Ärger über mich war greifbar. Sie verlangte nach einem devote-ren, dankbareren Schüler. Private Informationen, die sie in ruhigen Minuten aus mir heraussog, reihte sie kreativ aneinander und donnerte sie mir kritisch an den Kopf. Der frühe Tod meiner Mutter, das schlech-te Verhältnis zum Vater, der abwesend wirkende Blick und meine fehlende Unbeschwertheit. Ja, selbst meine vermeintlich hängenden Mundwinkel wurden kritisiert. Völlig unvorbereitet auf diese Vorwürfe konnte ich diesen nichts entgegensetzen. Mittlerweile war der von ihr herbeigerufene Klinik-leiter eingetroffen. Im Duo konfrontierten mich die Vorgesetzten abwechselnd mit den immer gleichen Vorhaltungen. Immer wieder wurde mit dem Tod meiner Mutter argumentiert und damit, dass ich deshalb eine erhebliche soziale und psychische Be-einträchtigung aufweisen würde. Meine Vorgesetz-ten hätten mich gern in ein strukturiertes Leben geführt, aber ich wäre, ihrer Meinung nach, verloren und würde bald zur untersten Schicht in unserer

Gesellschaft zählen. Nicht ehe ich an Ort und Stelle ein Versprechen gab, wollten sie von mir ablassen. Somit versprach ich, Ausbildungsmissstände und unvorteilhafte Arbeitsbedingungen zukünftig nicht mehr zu benennen und meine Arbeit mit ersichtlicherer Freude zu leisten. Kopfnickend und alles bejahend entkam ich diesem gnadenlosen Drill und stieg übergangslos in den geplanten Arbeitsprozess mit ein. Während der stundenlangen Konzentrationsphase drehten sich meine Gedanken um die Szene im Nebenraum. Ich erkannte alle mir gemachten Vorwürfe an und kritisierte mich zusätzlich selbst. Meine fehlende Basis und das wenige Wertgefühl unterstützten meine Gegner und ich stimmte ihnen zu. Mit der Überzeugung, für diesen Beruf niemals gut genug werden zu können, trat ich später meinen Heimweg an. Am folgenden Tag lag ich mit grippeähnlichen Symptomen im Bett und war eine Woche lang arbeitsunfähig. Ein steifer Nacken und zitternde Hände blieben für Tage meine Begleiter. »

In dieser Zeit wurde mir klar, dass ein persönliches Scheitern nicht nur von meiner Familie schon in Betracht gezogen worden war, sondern ebenso seitens von meinem beruflichen Umfeld erwartet wurde und gegebenenfalls herbeigeführt werden würde. Viele sahen in mir nur den suspekten, introvertierten Jungen, der ohne Mutter aufwuchs. Sie misstrauten diesem „Makel" an mir und ich hatte das Gefühl, dass sie mein Scheitern schon herbeisehnten, damit ihre Vermutung Bestätigung fand. Mit diesen Erkenntnissen trat eine weitere hervor: Sogar ich selbst traute mir insgeheim kein Gelingen zu, vermutete ich. Starke Existenzängste und das Gefühl, dass ich mich nicht ausreichend um mein Wohlergehen kümmern konnte, veranlassten mich zu diesem Denken. Als ich diesen Gedankengang beendet hatte, wurde mir schwindelig und ein Zittern erfasste meinen Körper. Würde ich es jemals schaffen, das Trauma zu bewältigen, meine Depressionen zu bezwingen und allen Erwartungen gerecht zu werden? Ich fühlte Panik in mir aufsteigen. Ich wusste nicht, ob ich überlebensfähig war ohne Mutter, wollte aber nichts unversucht lassen, um mir Gegenteiliges zu beweisen. Mein Umfeld wollte ich ausserdem Lügen strafen. Plötzlich nahm das beklemmende Gefühl im Brustkorb leicht ab. War das etwa ein kleiner Schritt in die richtige Richtung? »

Ich brauchte dringend Veränderungen. Zu stark fokussierte ich mich auf negative Gegebenheiten wie meine Arbeitswoche, die mich weit über 50 Stunden lang beanspruchte. Mit den am Arbeitsplatz verbrachten, selten durchgeschlafenen Nächten kam ich oft auf fast 70 Stunden, die ich dort verbrachte. Jederzeit einsatzbereit und immer angespannt. Ich war zum ständig funktionierenden Arbeitnehmer geworden. Zu jeder Tages- und Nachtzeit einsatzbereit. Das war die Grundvoraussetzung eines jeden Anstellungsverhältnisses, signalisierten mir meine Vorgesetzten. Der Ausbildungsunterricht forderte zusätzliche Konzentration und wollte bevorzugt behandelt werden. Ich hatte jedoch grosse Probleme, mich auf den Lernstoff zu konzentrieren. Immer wieder schoben sich in der Schule die hier beschriebenen Geschichten vor mein inneres Auge. Oft war ein qualitatives Lernen zuhause unmöglich, weil meine Emotionalität dem strukturierten Lesestoff im Weg stand. Schon während meiner ersten Ausbildung hatte ich diesen Zusammenhang festgestellt. Meine wenig ausgeprägte Fähigkeit, mich am Arbeitsplatz abzugrenzen, verbrannte Energievorkommen, die ich dringend in die Bildung eines stabileren Fundaments hätte investieren sollen. Ich konnte diese Tatsache nicht länger übersehen. Meine Kraftreserven waren allmählich aufgebraucht. Ich lief auf Sparmodus. Wie ich gleichzeitig meinen eigenen Bedürfnissen entsprechen konnte, hatte ich noch nicht gelernt. Eigenverantwortlich Anpassungen zu treffen, wurde zum unumgänglichen Selbstschutz. Vom glücklichen Zufall enttäuscht und von Zweckoptimismus gestützt war ich mit 22 Jahren gewillt, alles Alte aktiv umzugestalten, um mir eine bessere Lebensqualität zu verschaffen. Ein Wohnungswechsel katapultierte mich aus dem verhassten, dunklen Zimmer. Hinein in eine freundliche, helle Zweizimmerwohnung mit sonniger Terrasse. Ein farbenfroher Anstrich und neue Möbel machten sie sympathisch. Die Terrasse lud zum Verweilen und Lesen ein.

Bei der folgenden Einweihungsparty, irgendwann, als die meisten meiner raren Freunde schon gegangen waren, zündeten sich zwei neue Bekannte eine stinkende Zigarette an. Neugierig fragte ich nach, was das für eine unbekannte Tabaksorte sei. Kurz darauf boten sie mir meinen ersten Joint an. Diesen rauchte ich mit zwei Typen, die sich mit der berauschenden Wirkung von Marihuana seit Jahren bestens auskannten. Ich konnte die Wirkung zwar nicht abschätzen, liess mich aber gespannt auf dieses Experiment ein. Hustend, keuchend und von Auswurf geplagt überstand ich die ersten Lungenzüge. Kreativ gestimmt wartete ich, Wände mit den vorhandenen Acrylfarben bemalend, auf eine mögliche Veränderung meiner Wahrnehmung durch die bewusstseinsverändernde Droge. Es schien etwas Eigenartiges zu geschehen. Ich verschönerte unablässig weiter, lachte mit den letzten Gästen um die Wette und erlebte mich so locker und ausgelassen wie niemals zuvor. Während ich meiner subjektiven Wahrnehmung entrückt war, sprangen erläuternde Gedanken in den Raum. Dass ich die aktive Gestalterrolle nie ausprobiert hatte. Ja, deren Existenz hatte ich sogar gänzlich übersehen. Dass ich mich von lethargischen Gefühlsduseleien hatte lähmen lassen. Dass mein Handeln angepasst werden musste und nicht primär die Umstände. Dass ich für meine miserable Verfassung selbst verantwortlich war und keiner sonst. Dass ich auf meinen Kern gestossen war.

Mit der Erkenntnis, dass ein Joint mir gesagt hatte, dass ich Hilfe vor mir selbst brauchte, betrat ich am nächsten Morgen den Dorfbuchladen. In der Hoffnung, ein Buch zu finden, das sich mit mir auskannte. Mit lichtempfindlichen Augen blätterte ich in Naturbüchern, Romanen, schwerer Literatur. Das alles wollte nicht von mir gelesen werden. Gezielt nach einer Hilfe bietenden Schrift zu fragen, kam nicht infrage. Viel zu scheu und gehemmt war ich dafür. Selbst wusste ich weder, was angeboten wurde, geschweige denn, was ich bräuchte, noch wie sich so etwas überhaupt nannte. Beim vorsichtigen Rückzug aus dem Literaturtempel, beim Mich-Vortasten in Richtung der Tür, fiel mir ein Bild von einem Ammoniten auf einem Einband auf. Die mochte ich gern, hatte sie früher, noch zu „Heile Familie"-Zeiten mit meinem Vater gesammelt. Ich nahm das Werk in die Hand. Mit der Vorstellung, darin etwas über Fossilien zu erfahren, schlug ich es auf. Es war stattdessen prall gefüllt mit Kurzgeschichten von betroffenen Menschen. Sie schilderten ihre „Wege aus der Depression". Was ich da las, ergab Sinn und schien gleich auf den ersten Blick hilfreich zu sein. Entschlossen lief ich zur Kasse. Doch wie kaufte man ein Buch mit einem solch aussagekräftigen Titel? Schliesslich wollte ich mich nicht dahin gehend verraten, dass ich befürchtete, an Depressionen zu leiden. Dass ich mich unter Kontrolle hatte, stark war und keinerlei Hilfe bedurfte, das sollte der Buchhändler von mir denken. Ratlos lief ich in der Buchhandlung auf und ab, bis ... Unsinn, sollte der Buchhändler doch über mich denken, was er für richtig hielt! Ich wollte diesen Ratgeber und kaufte ihn wortlos. Mit schnellen Schritten entschwand ich aus dem Buchstabenfachgeschäft.

Zuhause, auf meiner einladenden Terrasse, verschlang ich jedes Wort darin. Ich hatte den von mir gesuchten Ratgeber gefunden und lernte unverzüglich aus den darin aufgeführten Erzählungen. Gelesenes umzusetzen und anzuwenden, war herausfordernd. Die daraus resultierenden Erfolgserlebnisse wie eine feste Meinung zu vertreten, bestärkten mich und veränderten meine Persönlichkeit. Sport und eine gesündere Ernährung mit viel Gemüse, Obst, Tee und Fleischverzicht formten mich zusätzlich. Zuverlässiger hielt ich fortan Absprachen ein und pflegte mir wichtige Kontakte regelmässiger. Ich plante ausreichend freie Zeitfenster ein und kontrollierte meine veränderte Situation. »

Mein neues Selbstbewusstsein unterstützte mich auch, als sich meine Schwester mit einem Arbeitskollegen bei mir zu einem Besuch in meiner Wohnung anmeldete. Auf freiberuflicher Basis optimierte sie, seit Kurzem sehr erfolgreich, die Versicherungsverhältnisse von Klienten. Im Auftrag einer mir unbekannten Agentur. Der Besuch meiner Schwester mit gleich zwei weiteren Vertretern irritierte mich, als sie zu dritt vor meiner Wohnungstür standen. Das hatte ich nicht erwartet. Ich fühlte mich dennoch sicher und wusste von Anfang an, wie der Abend enden würde: ganz sicher ohne neu abgeschlossene Versicherungen. Von zwei fremden Anzugträgern und meiner adrett gekleideten Schwester wurde ich freundlich umgarnt und mir wurden langatmig die Vorteile verschiedenster Zusatzversicherungen erklärt. Ich genoss es, den beiden versierten Profis ein ebenbürtiger Gesprächspartner zu sein, immerhin lagen sicher weit mehr als 20 Jahre zwischen uns. Mit einem fast gleich grossen Selbstbewusstsein wie diese, aber mit kritischeren Fragen auf meinen Lippen begegnete ich ihnen. Meine Schwester begab sich mehrheitlich in die Beobachterrolle. Schaute sie sich etwa zuerst mein bis dahin unbekanntes Selbstbewusstsein an? Ich fühlte mich gut, platzte innerlich vor Stolz auf mich selbst. Ich war mir sicher, dass ich mich in dieser Runde absolut auf mich verlassen konnte, und spürte die Verbissenheit der abschlussinteressierten Gegenpartei. Irgendwann übernahm meine Schwester das Gespräch und reflektierte meine kritische Haltung bezüglich diverser Versicherungsangebote. Sie verstand alle Zweifel, begab sich aber nach und nach mehr in die missionierende Rolle ihrer beiden Kollegen. Damit hatte ich gerechnet, ich war immer noch bereit, Widerstand zu leisten. Von mir aus konnte das freundliche Wortgefecht in die letzte und entscheidende Runde gehen. Aber noch bevor ich zum Luftholen ansetzte, knockte mich meine

Schwester aus, indem sie mich unerwartet beschenkte. Sie war seit jeher grosszügig zu mir, das kannte und schätzte ich an ihr. Trotzdem hatte ich mit einem Geschenk von diesem Ausmass nicht gerechnet und hielt es zugleich für einen strategisch schlauen Schachzug von ihr. War es nun Taktik oder ehrlich gemeint? Mein Bauchgefühl mahnte mich und mein Kopf freute sich überschwänglich über dieses Geschenk. Situationsbedingt konnte ich nicht so schnell entscheiden, ob ich Gefühl oder Verstand mehr Vertrauen schenken wollte. Meine Schwester legte nach und erklärte mir, dass sie sich um mich und meine Zukunft Sorgen mache und mich abgesichert wissen wolle. Darum wolle sie mir eine Berufsunfähigkeits- und Lebensversicherung zum Geschenk machen. Ich war perplex. Mit dieser Freundlichkeit und Grosszügigkeit hatte ich nicht gerechnet. Gleichzeitig fühlte ich mich nun verpflichtet, ihre Sorgen über mein Wohlergehen zu berücksichtigen und am besten gleich durch verantwortungsvolles Handeln zu beseitigen. Zuerst lehnte ich ihr Angebot aber ab und wollte das Geschenk nicht annehmen, weil es mir zu gross war. Weiter versprach sie mir, die Monatsbeiträge für die Versicherungen im Voraus und per Dauerauftrag auf mein Konto zu überweisen. Nun streckte ich die Waffen und ergab mich angesichts ihrer angebotenen Grosszügigkeit.

Ich erstickte mein urteilsunfähiges Bauchgefühl und liess dem kopflosen Freudentaumel den Vortritt. Ich war meiner Schwester gegenüber einfach zu misstrauisch gewesen und verurteilte mich hart dafür. Als frisch Missionierter erkannte ich meinen Fehler und gestand diesen unter verbalem Applaus der jetzt lockeren und lustigen Runde ein. Ich bedankte mich artig und reichlich, begleitete alle zur Tür, umarmte herzlich meine Schwester und verabschiedete meine Heilsbringer.

Allein in meiner Wohnung stieg ich in den Ring mit mir selbst und zettelte einen Kampf gegen mein trügerisches Bauchgefühl an. Schon in der ersten Runde schlug ich es k. o. und erkannte ihm sämtliche Rechte ab. Fortan wollte ich mich einzig und allein auf meinen Kopf verlassen und nicht mehr auf den Bauch.

Am Ende des vierten Monats nach Vertragsabschluss, ich stand in einem Geschäft und wollte per EC-Karte bezahlen, wurde mir unerwartet die Zahlung verweigert. Ich lief sofort zur nächsten Bank und entdeckte auf dem Auszug mein leeres Konto. Ich forschte nach, wo mein spärliches Ausbildungsgehalt geblieben war. Es traf verlässlich auf meinem Konto ein, allerdings fehlte seit zwei Monaten die versprochene Gutschrift meiner Schwester. Ich sprach sie wenige Tage später darauf an und ging von einem Versehen aus. Sie teilte mir hingegen kühl und distanziert mit, dass es ihr finanziell nicht mehr möglich sei, für mich die Versicherungsbeiträge zu entrichten. Ich müsse diese ab sofort selbst aufbringen. Diese Beiträge machten fast ein Drittel meines damaligen Einkommens aus. Ich war ratlos und verzweifelt, konnte nicht glauben, was ich hörte. Entrüstet ging ich nachhause, entschuldigte mich bei meinem fast erstickten Bauchgefühl und konnte es zur zügigen Wiederkehr überreden. Ich wusste nicht wie, war aber bereit, den monatlichen Aufwand aufzutreiben und so schnell wie möglich die Versicherungen zu kündigen. Was nach einem Jahr Mindestlaufzeit möglich war – nach insgesamt 15 Monaten war ich von der Beitragspflicht befreit. Ein unterstützendes Umfeld, bestehend aus meiner Grossmutter und meinem besten Freund, gleich mehr zu ihm, verhinderte damals meine Zahlungsunfähigkeit. Auch von meinem Vater erfuhr ich finanzielle Unterstützung, zumindest diesbezüglich konnte ich mich an ihn wenden.»

Zaghaft, aber nach und nach bestimmter setzte ich die ersten Grenzen am Arbeitsplatz. Dass dies notwendig war, wurde mir durch den Versicherungsvorfall nur noch bewusster. Ungewohnt konstruktiv und unnachgiebig sprach ich fortan Verbesserungsvorschläge aus und benannte meine Erwartungen genau. Den augenscheinlichen Unwillen meines Arbeitgebers, ausbildungsgerechtere Strukturen zu schaffen, bestrafte ich mit einem Stellenwechsel. Am neuen Ausbildungsort begleiteten mich offene Vorgesetzte und ein begrenztes Arbeitspensum bis zum erfolgreichen Ausbildungsabschluss. Für mein konsequentes Verhalten und die daraus resultierenden Veränderungen war eine begrenzte Zeit lang der gedämpfte Blick von aussen sehr hilfreich. Durch das zwanglose Dasein mittels Joint erkannte ich Schwachpunkte wie meine sich verselbstständigenden negativen Gedanken oder einen hemmenden Kontrollzwang und konnte diese positiv beeinflussen oder sogar dauerhaft abändern. Unaufhaltsam verstärkte sich mein Stabilitätsgefühl und ich wurde mutiger. Ich war zugänglicher für Fremde, offener und interessierter. Ich hielt standhaft verunsichernde Lebenslagen aus. Zum Beispiel den Wechsel in ein anderes Krankenhaus während meiner Ausbildung. Was bis zu diesem Zeitpunkt als unmöglich galt, weil Schule und Arbeitgeber eine solche Aktion angeblich nicht billigten. Immer weiter kämpfte ich, unablässig für meinen Vorteil. Endlich bei vielen meiner Ziele und mir selbst angekommen. Es reihten sich nun mehr gute Zeiten aneinander.

Nebenbei bildete sich ganz zwanglos eine erste Partnerschaft. Basierend auf Integrität, Verlässlichkeit und Toleranz erschloss sie mir eine ungeahnte Stabilität. Ich schloss meine zweite Ausbildung erfolgreich und mit einem guten Notendurchschnitt ab und erhielt einige mir zusagende Jobangebote aus meiner Umgebung. Diese kamen für mich jedoch nicht infrage, ich wollte endlich das sein, was ich schon immer war: ein Ausländer. Nie fühlte ich Patriotismus und wenn, dann für andere Länder. Folglich nahm ich ein Stellenangebot im Ausland an und würde somit Deutschland den Rücken kehren. Vor allem aber würde ich mich dadurch von meinem Vater abwenden. Ich wollte ihm diese Neuigkeiten bald erzählen. »

Mein Vater fand ziemlich genau zehn Jahre nach dem Tod meiner Mutter eine neue Lebensgefährtin. Schon seit geraumer Zeit kursierten Gerüchte im Dorf über diese angebliche Verbindung. Als mich diese Gerüchte über Familienmitglieder erreichten, war ich etwas verletzt. Nie hätte ich gedacht, dass es einmal so weit kommen würde und ich diese

Schreckenstatsache als Gegebenheit annehmen müsste. Sollte etwa meine Mutter durch die neue Frau ersetzt werden?

Ich war deshalb schon vorbereitet, als mein Vater mir von einer neuen Partnerin an seiner Seite berichtete. Er nannte sie kurz „meine neue Bekanntschaft". Ich wusste somit Bescheid und stellte keine weiteren Fragen. Zu einem Kennenlernen fand ich nur wenig Motivation, da ich es mir als sehr unangenehm ausmalte. Es liess sich aber nicht vermeiden, um meinen Vater nicht zu brüskieren. Ich ergab mich den Tatsachen und stellte mich den neuen Verhältnissen. Ich nahm mir vor, der fremden Frau freundlich und zuvorkommend zu begegnen, und stellte mich offen auf die Situation ein.

Mein Vater verabredete sich mit mir und seiner neuen Bekanntschaft in einem unserer Lieblingsrestaurants von früher. Ich lief hinein, und als meine Augen auf die neue Freundin meines Vaters trafen, verschlug es mir fast die Sprache. Irritiert blickte ich zu Boden, rieb mir die Augen. Sie sah meiner Mutter zum Verwechseln ähnlich. Mir stockte der Atem und ich glaubte, zu träumen. So unfassbar gleich waren die Gesichtszüge von ihr und meiner Mutter. Erstaunt versuchte ich, die mir surreal erscheinende Situation von aussen zu betrachten und flüchtete mich in schüchternen Smalltalk. Ich erlag kurzer Zeit einer aufkommenden Traumvorstellung: Könnte ich mit dieser Frau, dem Abbild meiner Mutter, die Vergangenheit vergessen und so tun, als wäre meine Mutter nie gestorben? Die neue Freundin als Ersatz annehmen und die Zeit bis zum August 1994 zurückdrehen? Ich war ganz aufgeregt, als hätte sich plötzlich eine einmalige Chance für mich ergeben. Für einen Moment öffnete sich ein Gedankenfenster zu einer heileren Welt. Zu gern wollte ich die schmerzlichen Erinnerungen an meine Mutter vergessen und wäre dazu bereit gewesen, diese durch ihr Abbild, das da vor mir stand, neu zu belegen. Ihre bezaubernde Art und Weise hatten mich gefangen genommen. Ja, sie war mir vom ersten Moment an sympathisch, sogar sehr sympathisch. Liebend gern wäre ich dieser Vorstellung erlegen, dass meine Mutter nie fort war. Ich wollte endlich aus diesem Albtraum erwachen, der sich Realität nannte ... »

Wenige Wochen vor meinem Wegzug ins Ausland lud ich meinen Vater mit seiner Freundin zum Essen ein. Sein Lieblingsrestaurant war mir dafür gerade gut genug. Genussvoll widmeten wir uns unserem Menü, als ich ihm meinen Entschluss, Deutschland zu verlassen, an den Kopf knallte. Gespannt wartete ich auf seine Reaktion und beobachtete ihn dabei genauestens. Mit offenem Mund starrte er mich an und vergass dabei, zu essen. Als er meine Aussage verstanden hatte, machte sich eine Veränderung in seinem Blick bemerkbar. Es sah aus wie Enttäuschung. Enttäuscht darüber, dass er mich dann nicht mehr in seiner Nähe wissen würde sowie dass ich meinem Vaterland nicht erhalten bliebe und es als nötig erachtete, ausserhalb Deutschlands meine Brötchen zu verdienen. Im folgenden Dialog bemerkte ich, dass ich alles erreicht hatte, was ich mir damals im Auto vorgenommen hatte, als mein Vater diese fatale Aussage über behinderte Menschen getroffen hatte. Er war kein Fan von Ausländern, zu wenig demütig und fremd waren sie ihm allesamt. Zu überheblich und unnahbar waren ihm die, die er sah. Seiner Meinung nach. Schnell entschwand ich an diesem Abend einer weiteren illustren Diskussion über In- oder Ausländer, Menschen oder Unmenschen und verliess das Restaurant unter einem erfundenen Vorwand. Wenig später entschwand ich erst aus meinem Heimatdorf, dann aus Deutschland und mit den Jahren entschwand ich aus meiner Familie. Aufgrund der räumlichen Distanz.»

Mittlerweile sind es nur noch wenige Wochen bis zum damaligen Geschehnis im augustwarmen Schlafzimmer vor 20 Jahren. Dessen Auswirkungen jetzt markanter zu spüren sind als noch am Anfang des Texts. Vor wenigen Tagen traf ich mich mit einem Onkel, dem älteren Bruder meines Vaters, zum Essen. Als ich ihn bat, mit mir eine seiner Erinnerungen an meine Mutter zu teilen, beschrieb er einen lange zurückliegenden Besuch von ihm.

Im März 1994 traf er demnach spontan meine Mutter bei uns zuhause an. Als er sie fragte, wie es ihr ging, legte sie seine Hand auf ihren Brustkorb. Sie wollte ihm damit alle ihre rapide gewachsenen Metastasen verdeutlichen. Als er schockiert von diesen grossen und harten Knoten fragte, was das zu bedeuten hätte, sagte meine Mutter zu ihm: „Ab jetzt dauert es nicht mehr lange ..." Verzweifelt fielen sie sich in die Arme. Weinten bittere Tränen und versuchten, sich gegenseitig Halt und Zuversicht zu spenden. Mein Onkel nahm die Verzweiflung meiner Mutter so stark wahr wie niemals zuvor, nur schwer war sie zu beruhigen, als er sich von ihr ver–verabschiedete.

Diese Erzählung meines Onkels beim gemeinsamen Essen hatte mich im Innersten getroffen. Schwer verletzt blieb ich aber am Tisch sitzen und liess mir mein Entsetzen und Herzrasen nicht an-

merken. Ich behielt die Fassung, unter allen Umständen, weinte keine Tränen. Ich schrie leise, aber
konstant in mich hinein. Meine Gedanken drehten
sich wie wild um seinen Bericht. Mir fiel ein, dass
ich nie das Gefühl gehabt hatte, dass meine Mutter
jemals verzweifelt war, sie hatte mir stattdessen
stets ihr Motto „Kopf hoch!" vorgelebt. Hatte sie mir
etwa ein Laientheaterstück vorgespielt? Selbst in-
szeniert und perfekt umgesetzt – oder hatte ich
übergrosse Scheuklappen vor den Augen gehabt
oder nicht sehen wollen, was eventuell unüberseh-
bar war? Meine Gedanken drehten sich weiter und
weiter, während mein Onkel erzählte. Ich kam mir
vor, als wäre ich damals ein rücksichtsloses Unge-
heuer gewesen. Egozentrisch, rücksichtslos und unfassbar blind. Ich belegte mich mit Vorwürfen und
Schimpfworten, weil ich nur noch Hass für mich
empfand. Ich war froh, als sich mein Onkel wenig
später von mir verabschiedete und ich nachhause
entfliehen konnte. Dort verfiel ich sämtlichen Tag-
träumen, wie früher. Sie begrüssten mich wie alte
Freunde, angewidert grüsste ich zurück. »

Nun bin ich im 36. Lebensjahr angekommen, lasse
mich erneut,_unter anderem durch diese Erzählun-

gen, aus meinem gewohnten Rhythmus reissen. Es fällt mir zunehmend schwerer, eine optimistische Grundeinstellung zu pflegen. Konflikte mit mir nahestehenden Personen häufen sich und soziale Kontakte zu pflegen, ist mir plötzlich lästig geworden. Warum auch? Freundschaften ergeben überhaupt keinen Sinn. Nach vielen gemeinsamen Jahren folgt schlussendlich nur der unweigerliche Abschied voneinander. Einer muss immer zuerst gehen. So will es der einseitige Vertrag des Lebens. Die hässliche Fratze des Seins zeigt hier ihr authentisches Gesicht. Ist Freundschaft eine Sadistin und der, der sich auf sie einlässt, ein Masochist? Primär schmerzt Freundschaft nicht, sie beflügelt. Hält sie ein Leben lang und wird durch Zeiterscheinungen wie den Tod beendet, schmerzt sie sekundär umso mehr.

Unsicherheit, Selbstzweifel und Angst gewinnen neuen Raum in mir. Zum 20. Todestag meiner Mutter werde ich mit meinem besten Freund zum Friedhof aufbrechen, wie wir das schon seit Jahren regelmässig vollziehen. Wir haben uns zu Zeiten meiner ersten, bedrückenden Wohnung kennengelernt. Er fand mich interessant, als ich ihm auf dem Marktplatz begegnete und ich mit seinem Cousin redete, und wollte Kontakt halten. Ich wiederum empfand ihn als aufdringlich. Ehrliches Interesse an meiner Person war ich damals schlicht nicht gewohnt. Es ergab sich wider Erwarten schnell eine enge Freundschaft, in der sich die Verhältnisse zeitweise auch kehren, sodass er mich als aufdringlich und überinteressiert empfindet. Die ersten zehn Jahre unserer Freundschaft verwehrte ich ihm den Einblick in mich bezüglich meines Verlusttraumas, bis er Interesse signalisierte und mir versicherte, mir eine allumfassende Freundschaft zu bieten. Dabei sei auch das gemeinsame Angehen von Problemen vorgesehen. Damals haben wir angefangen, gemeinsam auf den Friedhof zu gehen und das Grab meiner Mutter zu besuchen. Immer gegen Ende der Dämmerung fuhren wir Richtung Friedhof los. Bei der Ankunft war es dann schon dunkel, es sollte uns und im Speziellen mich keiner erkennen. Zu intim war mir dieses Ritual, als dass ich es mit meiner Familie oder einer Person aus dem Dorf, in dem ich aufgewachsen bin, hätte teilen können. Wir schlichen uns durch das schwere Metalltor am Friedhofseingang hindurch. Jeder von uns leuchtete mit seinem Handy den Weg aus. Es war jeweils stockdunkel und oft blies der Wind durch einige buschige Hecken am Wegrand und sorgte für eine unheimliche Atmosphäre. Bis zum Grab, das in der Friedhofsmitte lag, war es ein Stück und das Horrorfilmambiente gefiel uns nicht besonders. Das Grab lag in zweiter Reihe fast ganz aussen, unter einer stattlichen Linde. Dort angelangt beleuchteten wir den Grabstein und das dazugehörende Blumenbeet. Ich verharrte einige Minuten still und hielt inne. Blickte den gemeisselten Stein an, die darauf abgebildete Orchidee. Das war ihre Lieblingsblume. Mein bester Freund schwieg und gewährleistete mir optimale Lichtverhältnisse am Grabstein. Ich liess meine Gedanken schweifen und versank kurz in einem Tagtraum. Mein Kopfkino zeigte mir einen traurigen Trailer meiner Vergangenheit. Ich riss mich schnell wieder aus dem Gedankenkarussell und konzentrierte mich auf die Gegebenheiten, bevor noch ein richtiger Kinofilm daraus wurde. Nach wenigen Minuten am Grab wurde es oft gruselig und ein leicht mulmiges Gefühl beschlich uns. Nachts auf dem Friedhof, nur zu zweit, dazu diese schwere, sentimentale Stimmung ... Zielstrebig zogen wir uns zurück. Nochmals vorbei an den zahlreichen Gräbern unbekannter Toter. Vorbei an den vom Wind belebten Friedhofshecken, hinaus durch das Metalltor und hinein ins Auto. Mein bester Freund drückte kräftig aufs Gaspedal und wir fuhren davon. Dutzende Male oder häufiger gruselten wir uns gemeinsam, immer wieder aufs Neue. Das werden wir auch zukünftig tun, zu diesem ganz besonderen Datum im August.

Aber was passiert mit mir, wenn dieses markante

Datum überschritten ist? Kehrt dann die fehlende Lebenslust zurück? Spätestens seit dem 04.08.1994 ist sie mir abhanden gekommen. Immer wieder liess sie sich phasenweise einfangen und halten. Sie wog aber oft schwer und war eine andere geworden als noch vor 1994. Ihr fehlten danach die Unbeschwertheit und ein Quäntchen Sorglosigkeit. Sieht so die Zukunftsprognose für die folgenden 20 Jahre aus? Kann ich den Gefühlschaosdurchschnitt pro Jahr mit den jeweiligen 19 Jahresdurchschnitten addieren, um das Ergebnis dann als Referenz für weitere Ableitungen zu gebrauchen? Was ist eigentlich die Halbwertszeit des Verlustes von einem Elternteil? Wenn die kommenden 20 Jahre genau so vollgepackt sein sollten mit Schmerzen, Wut, Trauer, Ohnmacht, Resignation, Irritation und Planlosigkeit, dann würde ich diese am liebsten verschenken. Wie lange schaffe ich es noch, meinen Kopf oben zu halten? Töne formen sich mittlerweile wieder zu neuen Melodien, kommen im Schlaf über mich und reissen mich wohlklingend heraus. Sie dominieren meine Gedanken, schenken mir geistige Zuflucht im gedanklichen Nirwana. Sie stellen Fragen in den Raum über Sinn und Sinnlosigkeit des Lebens. End- und ergebnislos diskutiere ich mit keinem Geringeren als mir selbst über den Lebenssinn und die Sinnlosigkeit meines Lebens. Stundenlang liefere ich mir darüber nachts ein nicht enden wollendes Wortgefecht, bis mich erneut die Müdigkeit überkommt. Sehnsucht nach einem nahenden Ende dieser ewigen Diskussionen keimt zunehmend stärker in mir auf. Die Gewissheit einer endlichen Zukunft, an die ich zwangsläufig mit jedem Tag näher heranrücke, tröstet mich über grauer werdende Tage hinweg. Nichts fürchte ich mehr als ein langes Leben, dazu gebe ich mein Einverständnis nicht, weil die Lebenslust oft nicht ausreicht, um Lust zum Weiterleben aufzubringen. Wenn ich mir schon nicht den Anfang und das Leben aussuchen konnte, dann will ich wenigstens über das Ende selbst bestimmen können. Ich möchte vom Leben als gleichwertiger Partner behandelt werden, nicht nur als rechtloser Endverbraucher, der dankend annehmen muss, was ohne ihn beschlossen wurde. Ungern räume ich Biologie, Chemie, Physik, Jupiter, Brahma, Ganesha, Gott oder wem auch immer diese alleinherrschaftlichen Rechte ein. Der Gedanke, dass meine Mutter es gern gesehen hätte, wenn ich lustvoll weiterleben würde, tröstet etwas und verpflichtet zugleich. Gesagt hatte sie das zu Lebzeiten – oder habe ich es mir nur eingebildet? Geht es jetzt wieder los? ›‹

ANMERKUNGEN

Der Lehrer aus dem schülerlosen Klassenzimmer, der einst zu mir sagte: „Es geht nicht nur um dich, sondern um deine kranke Mutter, du hast nur eine!", war damals mein Klassenlehrer. Er hatte seit dieser Zeit eine Vorbildrolle für mich eingenommen. Ich orientierte mich, in meiner Jugendzeit, an seinem Verhalten und seinen Aussagen. Er war für mich der authentischste Mensch in meinem Umfeld, zu dieser Zeit. Ich fand sein vorgelebtes integres Handeln neu und sehr inspirierend. Unbekannt und imitierenswert. Die vielzähligen Schilderungen aus seiner grauenhaften Jugend füllten ganze Schulstunden aus. Gespannt schaute ich dabei auf seine Lippen. Sie verrieten viel mehr als seine kontrollierte Mimik. Als Kriegskind war er in Gefangenschaft geraten, in dunklen Bunkern festgehalten worden, ohne regelmässig Nahrung zu bekommen, mit vielen Menschen zusammengepfercht, in ein ausgehobenes Loch in der Raummitte seine Notdurft verrichtend – vor allen anderen Menschen, körperlich misshandelt, psychisch leidend, traumatisiert, irgendwann befreit, erwachsen geworden, hatte sich gebildet, geheiratet, war unkonventioneller Pädagoge geworden und Vater zweier Söhne. Oft endeten seine Erzählungen in einem kurzen, aber markanten

Satzgemenge. Hauptsätze vermischten sich dabei mit mehrdeutigen Nebensätzen zu einer Aussage, die trotzdem unmissverständlich war: Keiner konnte ihm etwas vorschreiben oder würde noch einmal über ihn bestimmen können. Weder die Politik, Vorgesetzte noch irgendeine Krankheit. Er würde für immer die Kontrolle über sich behalten wollen und sie mittels perfekt geplanten Suizids für immer an sich reissen, sollten sich seine Lebensumstände noch einmal ungünstig entwickeln ...

Anfang zwanzig, ich hatte schon lange nichts mehr von meinem ehemaligen Klassenlehrer gehört, ereilten mich folgende Informationen: Wenige Jahre vor seiner Pensionierung hatte sich der Darmkrebs zu ihm gesellt. Gerüchten zufolge sogar mit einer günstigen Prognose für seine Genesung. Ein weiteres Gerücht besagte, dass er diese Diagnose gegenüber seiner Familie verschwieg, um sich unbefangen auf seinen Freitod vorzubereiten. Fakt war aber, dass er eines Morgens entschied, sich abgelegen von seinem Standardradius auf ein vielbefahrenes Bahngleis zu legen. Sein Mut zur Konsequenz wurde kurz darauf von einem schnellen ICE belohnt.

Ich war Mitte zwanzig und mein Patenonkel, der Bruder meiner Mutter, nur noch wenige Tage von seinem 80. Geburtstag entfernt, als er sich auf dem

Dachboden seines Hauses erhängte. Er wartete ab, bis seine Frau am Morgen einkaufen fuhr und er allein zuhause war. Er ging auf den Dachboden seines Hauses, band einen selbst gefertigten Strick um seinen Hals, stieg auf einen Stuhl, zerrte das andere Ende des Stricks fest um einen Dachbalken und stiess den Stuhl um. Ohne vorhergegangene Anzeichen und ohne Abschiedsbrief hinterliess er bei seiner Ehefrau sowie allen weiteren Verwandten und Bekannten ein grosses Fragezeichen. Die anlässlich seines Jubiläums geplante kleine Feier wurde zum Leichenschmaus. Lag es an der fehlenden Basis, die er in seinem Leben womöglich nie gefunden hatte? Verursacht durch den frühen Verlust seiner Mutter, meiner „richtigen" Grossmutter?

Ich lebte schon viele Jahre im Ausland, als ich meine Kletterpartnerin kennenlernte. In kleinen Dosen erzählte sie mir von ihrem geliebten, mir unbekannten Bruder und ihren Sorgen um ihn. Seit vielen Jahren litt er unter einer fehlenden inneren Basis, wie er es ihr beschrieb. Stationäre psychiatrische Einweisungen begleiteten sein Leben. Eine komplexe Diagnose erschwerte seine Genesung. Unzählige Male suchten ihn seine Familienmitglieder in einem Waldstück unweit der Einrichtung, in der er zur stationären Therapie war. Dorthin entfloh er mit eindeutigen

Absichten, suchte diesen abgelegenen Ort dafür aus. Sie fanden ihn jedes Mal wieder, beruhigten ihn und kümmerten sich liebevoll um ihn, bis er die stationäre Therapie fortsetzte. Meine Kletterpartnerin und die ganze Familie bemühten sich bestmöglich um das Wohlergehen ihres Sohnes und Bruders. Eines Tages, ein weiterer Alarmruf der behandelnden Psychiatrie ereilte die Familienmitglieder, ergab sich die Gewissheit durch Polizeibeamte, dass der geliebte Sohn und Bruder unter einem Viadukt aufgefunden worden war. Getragen von einem Strick um den Hals demonstrierte er so sein konsequentes Handeln, das ihn somit in eine neue Welt trug.

Lange schämte und verurteilte ich mich für meine aus Sicht der Gesellschaft meist als unethisch geltenden Gedanken bezüglich meiner nüchternen Lebenseinstellung. Anfang dreissig entschloss ich mich für eine ambulante Psychotherapie. Mein damaliger Arbeitgeber hatte mir eine Führungsposition in Aussicht gestellt und ich wollte meine Eignung für diese Aufgabe von einem Psychologen geklärt wissen. Noch bevor ich durch mein Verhalten Irritationen bei fremden Menschen anrichten konnte, wollte ich meine psychische Gesundheit bestätigt wissen. So ergaben sich viele wertvolle Gespräche mit einer zugänglichen Fachperson und dadurch tiefere Einblicke in mich selbst. Mit jeder Stunde erstaunte mich mein reflektiertes Verhalten mehr. Selbst der Gedankenfachmann sprach sich immer wieder für mein Bauchgefühl aus und beglückwünschte mich zu diesem wertvollen Schatz. Intuitiv hatte ich in vielen für mich schwierigen Situationen unterstützend reagiert. Fast alle meiner beschriebenen „Knoten" waren dadurch gelockert oder komplett gelöst worden. So sehr, dass es nicht mehr viel an Aufarbeitung zu leisten gab. Es bedurfte lediglich einiger Aufräumarbeiten, die relativ schnell gemacht waren: kurz abstauben, feucht durchwischen, fertig. Mir war noch nicht bewusst geworden, dass das Chaos nur noch in meiner Erinnerung bestand. Zu sehr war ich damit beschäftigt gewesen, mich für angebliches Fehlverhalten zu verurteilen und zu kritisieren. Die rückblickend als vergeudet eingeschätzten Sesseltage, das Hineingehen in für mich unangenehme Situationen, der Perspektivenwechsel und der geübte Blick von aussen, die unablässige Abgrenzung gegenüber Familie und Arbeitsplatz etc. Das waren der Meinung des Psychologen nach alles eindeutige Zeichen für eine intakte und stabile innere Basis, auf die ich mich auch zukünftig verlassen dürfte. Ich könnte mich beruhigt zurücklehnen und mich auf diesen Erfahrungsschatz verlassen. Es wären nur die lebenskritischeren Denkansätze, die ich beobachten müsste, um nicht ungehindert in einen Strudel der Aussichtslosigkeit zu geraten. Das war sein Anliegen an mich, als sich nach einem Jahr Therapie unsere regelmässigen Gesprächsstunden erübrigten.

Erst mit den Jahren ist das Bewusstsein in mir gewachsen, dass ich meine lebenskritischen Gedanken ernst nehmen sollte und ihnen einen Platz zuweisen muss. Ich darf sie nicht einfach unterdrücken, sonst könnten sie eine unvorteilhafte Energie aufbauen und sich mit aller Kraft den Weg ins Bewusstsein zurück erkämpfen. Meinen Suizidversuch ignoriert, das hatte schon meine Familie getan. Sie schwiegen über diesen Vorfall in meiner Jugend, und wenn sie etwas dazu sagten, dann waren es abschätzige und herablassende Aussagen über suizidgefährdete Personen. Meine Schwägerin bezeichnete diese Art von Gedanken Jahre später als „Blödsinn". Das schmerzte mich und ich wusste ein weiteres Mal, dass ich in meiner Familie auf keinerlei Verständnis hoffen konnte. Mir wurde zugleich klar, dass sich meine psychischen Schmerzen, sollte ich sie nicht sichtbarer machen, nach innen kehren und mir eine Art Tunnelblick bescheren würden. Dieser Tunnel schirmte mich von äusseren Einflüssen ab und machte mich zunehmend stumpfer. Schwere Gedanken nahmen überhand und der Lebensmut wurde zur täglichen Herausforderung. Mir war nie bewusst, wie ich meine Schmerzen nach aussen hin sichtbarer darstellen konnte, und beneidete deshalb jeden, der das tat und sich nicht anpasste, sondern rebellierte.

Gern möchte ich mich zukünftig, rein philosophisch, mit folgenden ungeklärten Lebensfragen beschäftigen und zugleich den geneigten Leser zur Auseinandersetzung damit anregen:

Welche Art von Eigenliebe oder Selbsthass müssen die drei Personen aus der Beschreibung zuvor jeweils für sich verspürt haben, um diesen Akt vollzogen haben zu können?

Wie viel oder wenig Achtung hatten sie vor sich und ihrem Leben?

Wie viel oder wenig Achtung hatten sie vor ihrem Umfeld?

Welche Mitverantwortung trägt das Umfeld?

Trägt der Suizidale eine Verantwortung seinen Hinterbliebenen gegenüber?

Begehen rücksichtslose Menschen Suizid oder sind es die rücksichtsvollen unter uns?

Müssen Menschen mit einem suizidalen Wunsch alles aushalten und in für sie unerträglichen Situationen ausharren, nur um den Anforderungen des Umfelds gerecht zu werden?

Wessen Rechte haben Vorrang?

Darf ich als körperlich gesunder Mensch aktive Sterbehilfe fordern?

Ist ein freier Wille nur dann schützenswert, wenn er mit mehrheitlich positiven Assoziationen besetzt ist?

Wer oder was hat den freien Tod derart stigmatisiert?

Findet der romantische Aspekt beim Selbstmord nur bei Romeo und Julia Beachtung und Akzeptanz?

Spielen wir nicht alle eine Form von Theater?

Solange ich den Ausweg mittels Freitod für mich erkenne, weiss ich, dass ich noch die Kontrolle über mich habe oder diese zumindest zu haben glaube.

Würde ich zukünftig auch den dazu benötigten Mut, die Konsequenz, den Egoismus, die Rücksicht oder die notwendige Achtung vor dem Leben sowie vor mir selbst finden? Jeder darf seine Bewunderung an Personen vergeben, wie er es für richtig und angemessen erachtet. Bewunderte Personen sind fast unantastbar und entziehen sich durch ihren Status vielerlei Kritik durch Aussenstehende. Jedenfalls ist das für den Bewunderer so. Alle drei zuvor beschriebenen Menschen bewundere ich, sie liessen mich eine bestimmte Art von Zuversicht entwickeln, die mir in haltlosen Zeiten Halt spendete und erneut spenden wird, dann, wenn ich mich vielleicht wieder fragen werde: Bereitet mir weiterzuleben noch Freude? Nur mein Körper ist an das Weltliche gebunden, meine Gedanken aber sind frei...

Oh Last,

du Lust,

für nunmehr mein.

An mir, vor mir, um mich herum.

Mag sein,

der Schein des Ewiglichen.

So lind,

so lau,

so <u>un</u>verein.

© 2014 mark sidt
mark sidt sagt: „DANKE!“
Den Lektorinnen: **N.Sperl,**
                   A.Winkel (www.lektorat-winkel.de)
Buchcover: **L.Walther**

Umschlag, Illustration: mark sidt
Wohlwollend und dankend gegenüber:
allen Beschriebenen.

Oft in Gedanken:
L. S., B. St., E. St., D. G., A. D.

Verlag: tredition GmbH, Hamburg
ISBN
Paperback   978-3-7323-0753-1
Hardcover   978-3-7323-0754-8
e-Book   978-3-7323-0755-5

Printed in Germany.

www.facebook.com/marksidt
sidt@gmx.net
@marksidt

Zeitfracht Medien GmbH
Ferdinand-Jühlke-Straße 7
99095 Erfurt, Deutschland
produktsicherheit@kolibri360.de